W0335518

GAGNER DE L'ARGENT DANS LE WEB 3.0 (OU PAS) ?

GAGNER DE L'ARGENT DANS LE WEB 3.0 (OU PAS) ?

CAROLINE
JURADO

LA MAISON
hachette
PRATIQUE

Hello, moi c'est Caro !

J'écris du contenu sur l'univers des cryptos et tu pourras souvent me voir sous le nom « Les cryptos de Caro ».

Ma newsletter crypto est la plus grosse en France avec plus de 60 000 lecteurs. Mais tu peux aussi me retrouver sur des réseaux plus ludiques comme Tiktok, Instagram ou encore Youtube.

Mais ne te méprends pas, il y a 4 ans, j'étais comme toi. Je n'y connaissais rien en crypto. Alors si moi j'ai réussi, je suis sûre que tu le peux aussi. En tout cas, je vais tout faire pour t'aider !

PS: Avant tout ça, j'ai aussi créé une Startup Tech que j'ai revendu au leader de mon marché (mais c'était moins marrant que Les cryptos de Caro).

Alors soit le bienvenu avec moi !

INTRODUCTION

On dit que dans la vie tout est question d'argent. Il serait plus juste de dire que tout est affaire de transactions. Et il y a quelques centaines d'années, les transactions, on les concluait par le troc. Les choses ont beaucoup changé depuis mais pas autant que tu ne le crois.

Flore habitait dans une ferme. Elle avait des poules qui pondaient des œufs chaque jour. Elle avait pris l'habitude de s'en préparer tous les matins. Un jour, elle se dit que ça serait super d'avoir un verre de jus d'orange pour accompagner ses œufs du matin. Pas de problème jusque-là, il lui suffit d'échanger ses 6 œufs supplémentaires contre 6 oranges de l'arbre du voisin.

Mais le lendemain, son voisin lui propose de nouveau d'échanger des œufs contre des oranges. Là, ça pose un problème, car elle n'en a plus d'avance. Les échanger à ce stade, ça veut dire se priver de sa part d'œuf du matin. Il lui faudrait une bonne raison pour accepter cette transaction. Six oranges ne valent pas qu'elle se prive de petit déjeuner, alors elle refuse.

De son côté, le voisin a promis à ses parents qu'il leur ferait une omelette pour leur visite le soir même. Il doit absolument trouver des œufs. Si 6 oranges ne suffisent pas à convaincre Flore, il devra proposer plus d'oranges, ou rajouter autre chose dans la balance.

Ainsi, le premier jour, 6 œufs valaient 6 oranges, puisque la transaction a eu lieu. Mais aujourd'hui, 6 œufs valent beaucoup plus. La valeur de la monnaie qui sert à une transaction est subjective. Elle découle d'une négociation entre deux personnes.

Et puis cette histoire de troc a été remplacé par de l'or. C'est bien plus solide que des œufs et ça ne risque pas de périmer. En plus de ça, l'or a l'avantage d'être rare. Chaque personne s'accorde donc à en vouloir et lui donne ainsi de la valeur.

L'or c'est ce que l'on appelle une valeur refuge : quand tout s'écroule on peut toujours compter sur lui. Mais c'est aussi très lourd, donc personne n'a envie de se le trimbaler toute la journée.

Alors on a commencé à le déposer dans des coffres en échange d'un reçu précisant la somme déposée : c'est finalement à ce moment-là que la monnaie, telle qu'on la connaît aujourd'hui, a vraiment commencé à exister. Le reçu est l'ancêtre des billets de banque et la personne qui écrivait le reçu et surveillait le coffre en ton absence, c'était le premier banquier.

On survole un peu l'idée, mais il s'est passé quelque chose qui a fait naître le système bancaire classique : c'est le constat que personne ne venait récupérer son or à la banque. En revanche, tout le monde venait demander des prêts. Alors la banque a commencé à émettre des billets en échange d'un remboursement avec intérêts.

Mais ce système-là aussi, il a ses failles. La première c'est que si tout le monde demande à récupérer son argent en même temps, la banque ne peut pas répondre à toutes les demandes car elle a prêté cet argent à crédit à d'autres personnes. Or, dès qu'une crise survient, les gens se précipitent pour tenter de récupérer leur argent, ce qui fait faire faillite à la banque qui s'écroule, sans pouvoir rembourser ses clients.

C'est un peu ce qui s'est passé en 2008 avec la crise des *subprimes* aux États-Unis quand des banques ont proposé des crédits risqués à des personnes qui n'avaient pas les moyens de rembourser cet argent. En fait, le travail d'intermédiaire du banquier, qui est de vérifier que le coffre est en sécurité, n'a pas du tout été réalisé et des milliers de personnes ont perdu tout leur argent. C'est dans ce contexte que le bitcoin a fait son apparition.

L'objectif du bitcoin c'est d'avoir une nouvelle manière d'échanger ou de conserver l'argent sans passer par une institution centrale. La première des cryptomonnaies permet donc d'offrir une alternative au système bancaire traditionnel.

PETITE DÉFINITION

Une cryptomonnaie est une monnaie numérique émise de pair à pair, sans nécessité de banque centrale, utilisable au moyen d'un réseau informatique décentralisé.

Pour moi c'est une nouvelle ère financière qui se développe et un bitcoin c'est juste un genre d'euro qui est totalement numérique et sans intermédiaire. Tu vois, c'est simple.

C'est simple, mais ce n'est que le début, car avec cette histoire tu mets un doigt dans le monde merveilleux du Web 3.0, et mon but, dans ce livre, est de t'expliquer le plus facilement possible comment fonctionne cet écosystème et surtout quelles en sont les promesses.

Internet a changé drastiquement le monde, et je suis persuadée que le Web 3.0 va lui faire prendre un nouveau virage. Si tu es là, c'est que tu veux sûrement prendre le train en marche et te faire une idée de tout ce bordel avant que tu n'aies plus d'autre choix que d'embrasser le changement qu'il va impliquer.

COMPRENDRE LES BASES

UN PEU DE THÉORIE

EN QUOI L'UNIVERS CRYPTO CHANGE LE MONDE ?

Et si, quand on te demande pourquoi tu t'intéresses aux cryptos, au lieu de répondre « pour gagner de l'argent » (même si c'est aussi vrai), tu répondais : « parce que c'est en train de changer notre monde ! » Je dis toujours univers crypto car je ne veux pas te faire peur, mais en réalité il vaudrait mieux parler de l'univers de la blockchain.

1

LA BLOCKCHAIN... C'EST ARRIVÉ COMMENT ?

À vue de nez, je vois **4 phases de transformation** apportées par la blockchain. Je te dis à vue de nez, car je ne suis pas historienne des cryptos.

LA PHASE 1

Au départ, la blockchain c'est seulement une application en ligne sur laquelle on enregistre des transactions en crypto. C'est donc un méga registre de propriété. On peut tous voir ce qu'il y a écrit dessus, mais pas le modifier. Sécurisé comme une banque, mais transparent quoi.

Je t'envoie 1 bitcoin. C'est inscrit dans la blockchain Bitcoin que moi j'ai un bitcoin en moins et que toi tu as un bitcoin en plus. *Simple. Basique.*

C'était déjà une sacrée révolution.

Mais il y a des gars qui sont allés encore plus loin.

LA PHASE 2

Un jour un gars dit à son pote :

Le gars (👱 💻) : Trop bien ! Maintenant on peut se passer de banques pour créer et échanger de l'argent. Mais si on allait encore plus loin ? Si on créait une blockchain qui permette d'enregistrer n'importe quoi dedans ?

Son pote (👀) : Euuuuuh c'est-à-dire ?

Le gars (👱 💻) : Bah tout. Genre n'importe qui peut écrire un code. Et ce code ça fait une application. Ben on l'enregistre sur une blockchain et le truc fonctionne en autonomie. Sans intermédiaire.

Son pote (🧞) : Aaaaaah oui ! Donc en gros tu veux qu'on développe un programme qui s'exécute automatiquement quand les clauses du contrat sont remplies. Et qu'on puisse l'enregistrer sur une blockchain.

(J'imagine que la conversation a dû ressembler à peu près à ça).

Le gars (📲) : Oui ! Et je veux qu'on appelle ça des *smart contracts*. Comme ils ont fait pour dire qu'un téléphone est malin avec les smartphones.

Son pote (💪) : Ok. On crée un nouveau langage pour développer ces applications autonomes alors. Ça s'appellera le Solidity. Parce que c'est solide.

Bon je m'arrête là parce que je vais refaire toute l'histoire sinon. Cette blockchain c'est Ethereum. Elle permet d'enregistrer ces fameux *smart contracts* rédigés en Solidity. Et ces *smart contracts* permettent d'écrire des applications totalement autonomes qu'on appelle les DApps (pour applications décentralisées).

MAIS POURQUOI ÇA CHANGE LE MONDE DÉJÀ ?

Tu comprends qu'en 2015 quand Ethereum a été créé, ça a permis à des tonnes de projets d'émerger en cryptos. Car ils ont pu utiliser des *smart contracts* pour créer des applications et des cryptos qui s'enregistrent sur la blockchain Ethereum.

Ce qui représente le début de la phase 3.

J'avoue, elle ne change pas encore notre monde.

LA PHASE 3

Pendant les cinq années qui ont suivi, il y a surtout eu des projets qui se sont créés dans le but d'inventer tout un écosystème lié à la blockchain. Pour faire simple : le but était de créer les fondations d'un nouveau monde. En impliquant surtout les gens qui imaginent l'intérêt d'enregistrer des trucs dans la blockchain. Alors qu'il n'y avait rien.

Du coup, il a fallu créer :

- # **des sites décentralisés pour acheter ses cryptos.**
  Et les échanger.
- # **des applications décentralisées pour les conserver.**
  Des portefeuilles cryptos quoi (aussi appelés « wallet »).
- # **des sites pour faire des prêts de cryptos. Ce qui a conduit à créer des sites pour y déposer tes cryptos contre rendements.**

Là, on est totalement dans ce qu'on appelle la finance décentralisée et ne t'inquiète pas, je t'explique tout ça plus en détails dans la suite du livre, on y reviendra. Mais au fur et à mesure de ce développement, il y a eu l'émergence de ce que j'estime être la phase 4.

LA PHASE 4

À partir de là, les bases de l'univers crypto existent carrément. Les gens qui sont dans cet univers depuis un moment sont déjà tous riches. Et du coup il se passe quoi ? Ben ils veulent changer le monde.

Ils se rendent compte que l'avènement de la crypto ne va pas arriver en ne restant qu'entre eux, que la suite logique c'est que le grand public (nous) comprenne l'intérêt du truc.

Mais comment faire pour qu'on comprenne ? Tu proposes des applications qui utilisent les avantages de la blockchain pour améliorer le quotidien. C'est une phase dans laquelle les applications décentralisées viennent concurrencer les applications centralisées. Je vais t'expliquer tout ce que ça permet et permettra.

LA PHILOSOPHIE

Mais l'élément central dans toute cette histoire c'est qu'enregistrer les choses dans la blockchain et créer des projets qui ont leur propre crypto, ça réaligne les intérêts de chacun.

Attention, je vais beaucoup schématiser.

On sort d'une société dans laquelle ceux qui bénéficient (vraiment) de la croissance d'un projet sont uniquement les membres fondateurs et les actionnaires. Oui, quand tu utilises Amazon pour te faire livrer, tu enrichis les actionnaires et les fondateurs.

Mais toi tu es **utilisateur du service**. Est-ce qu'on t'offre quelque chose parce que tu commandes dessus ? Est-ce que quand la boîte grossit, tu es récompensé ? Même si tu commandes tous les jours et que t'en parles à tous tes potes ? Fort peu ma foi. *(Oui je parle comme une vieille personne).* Au mieux, tu as une petite réduction des frais de port mais ça ne changera pas ta vie.

Et les salariés de la boîte ? Quand elle grossit, sont-ils récompensés ? Ok ils ont un job. Mais à part ça ? Des bonus toujours cohérents avec la croissance de la boîte ? Pour tout le monde ? Ben non, tout ça s'est soumis aux lois du management classique.

Donc introduire la blockchain et les cryptos ça permet un truc. Quand tu fais grandir un projet :

- **car tu l'as imaginé.**
- **car tu as mis de l'argent dedans.**
- **car tu as travaillé tous les jours pour qu'il existe.**
- **car tu es client.**
- **car tu le recommandes à tes amis.**

Dans tous les cas, tu vas posséder des cryptos du projet. Donc quand il grandit, tu gagnes. En fonction de ton investissement en temps, argent ou engagement, sans hiérarchie entre les trois.

C'EST QUOI LA BLOCKCHAIN ?

Le premier truc à savoir c'est que la blockchain est au cœur de tout le système crypto ! Qu'on parle de cryptos, de Web 3.0, de métavers ou de NFT, en fait on parle de choses qui existent grâce à la blockchain. En faisant un gros rapprochement, c'est comme si je te demandais le point commun entre Google, Booking ou Linkedin ? Ce sont tous des lignes de code enregistrées sur un serveur.

Bon, ben pareil : les cryptos, les NFTs, le metavers, ce sont des lignes de codes mais enregistrés sur un genre de serveur que tout le monde peut consulter : la blockchain.

2

La blockchain, on l'a déjà un peu vu, c'est un registre officiel sur lequel tu peux enregistrer des choses qui ne pourront jamais être modifiées. Ça rend ce qui est écrit dessus authentique.

Je vais te donner 3 exemples pour que tu comprennes parfaitement :

- je t'envoie un bitcoin. C'est enregistré dans la blockchain Bitcoin que je possède ce bitcoin, puis que je te le transfère, puis qu'il t'appartient.
- je développe une application autonome qui permet de parier sur les résultats sportifs. C'est enregistré dans la blockchain que j'ai parié sur la France au foot. Puis que j'ai envoyé de l'argent pour ce pari. Si la France gagne, mes gains sont automatiquement envoyés sur mon compte.
- j'achète un bout d'immeuble. C'est enregistré sur la blockchain et je reçois automatiquement une part des loyers de l'immeuble toutes les semaines.

Techniquement, ça veut dire que tu ne peux ni modifier, ni truquer ces informations et que tout le monde y a accès car la blockchain est accessible sur Internet.

EST-CE QU'IL Y A UNE SEULE BLOCKCHAIN ?

Il existe de nombreuses blockchains et elles peuvent enregistrer différents types d'information.

La blockchain Bitcoin ne permet d'enregistrer que des transactions simples en bitcoin. Alors que la blockchain Ethereum permet d'enregistrer les transactions en ether (ETH) mais aussi des transactions complexes allant jusqu'à être des applications entières. Du coup, c'est pour ça qu'on dit que la blockchain Ethereum permet de créer des applications décentralisées (et même des cryptos). Idem pour les blockchains Solana, Cardashift, la Binance Smart Chain…

Tout est automatisé, instantané et transparent sur la blockchain. On dit que tout ce qui évolue sur la blockchain est décentralisé. Car ce n'est pas une entreprise ou une personne qui a le pouvoir dessus. Tout le monde y a accès.

Je sais, ça fait peut-être beaucoup…

Respire un grand coup et on y retourne.

À RETENIR

La blockchain permet de supprimer les intermédiaires opaques dans plein de situations. Si on parle de transfert d'argent, elle vient remplacer l'action de la banque qui s'assure que l'opération soit bien réalisée et la certifie. Si on parle de transaction immobilière, elle vient remplacer le notaire et même l'agence immobilière. Si on parle d'une application autonome, elle vient empêcher la corruption : personne dans la boîte ne peut se servir sur tes paris.

C'EST QUOI L'UTILITÉ D'UN WALLET ?

A priori, là tu as compris que chaque crypto évolue sur une blockchain qui enregistre les transactions. Et tu te demandes, c'est bien beau, mais mes cryptos, je les conserve où ? Il y a plusieurs solutions.

Si tu as acheté tes cryptos via une banque en ligne

Dans ce cas, tu n'es pas vraiment « propriétaire » de tes cryptos. C'est la banque qui les détient pour ton compte en fait. Ça veut dire que tu ne peux ni utiliser tes cryptos pour payer des choses en ligne, ni les envoyer vers un autre compte.

Si tu as acheté tes cryptos via un CEX

C'est comme ça qu'on appelle un échange centralisé. Un échange, c'est un site sur lequel tu peux acheter et vendre des cryptos. « Centralisé », ça signifie que c'est une entreprise qui gère le truc hors de la blockchain. Dans ce cas, tes cryptos sont conservées dans un portefeuille au sein du site et, en général, tu peux les transférer ailleurs, mais tu ne peux pas toujours payer de choses avec.

Si tu as acheté tes cryptos via un DEX

Tu as deviné ? C'est un échange décentralisé ! Qui fonctionne sur la blockchain donc. Et ben là pour le coup, tu n'as pas le choix, tu dois connecter ton propre portefeuille crypto pour pouvoir acheter ou vendre des cryptos.

Donc un wallet c'est un portefeuille crypto. Moi j'utilise MetaMask qui fonctionne sur la blockchain Ethereum, du coup je peux y ranger toutes mes cryptos qui sont sur Ethereum. Tu vois où je veux en venir ? Je ne peux pas y ranger mes bitcoins, qui ne sont pas sur la même blockchain.

ET ELLES SONT STOCKÉES OÙ LES CRYPTOS ?

Techniquement, les cryptos c'est comme n'importe quelle application web, ce sont des bouts de code mais qui sont enregistrés sur la blockchain. Sauf que tout ce petit monde fonctionne sur Internet. Et Internet fonctionne grâce à des serveurs, donc on peut dire que oui, quelque part, les cryptos sont conservées sur des serveurs.

Moi je considère qu'un wallet (un portefeuille crypto) c'est un genre de coffre que tu possèdes en ligne pour y ranger tes cryptos, donc on peut aussi dire que les cryptos sont conservées dans des coffres !

LA BLOCKCHAIN, CE GROS TABLEAU EXCEL

Imaginez un fichier Excel que tout le monde peut ouvrir mais que personne ne peut modifier. Chaque transaction y est enregistrée. C'est un combo un peu magique de :

- **transparence : tout le monde peut voir la donnée ;**
- **sécurité : personne ne peut la modifier ;**
- **instantanéité : elle s'écrit de suite automatiquement.**

Dans ce tableau Excel, on peut aussi créer des formules. Tu te rappelles la fonction « somme » qui nous a souvent facilité la vie ? Eh bien, c'est pareil. Ce sont des formules dont les règles ne peuvent pas être changées. Comme si lorsque tu utilises « sommes », tous les utilisateurs de ton Excel pouvaient voir que la formule va toujours additionner les chiffres. Avec la blockchain, c'est exactement ce qui se passe.

Ces formules, il en existe autant qu'on en crée, et une fois que c'est fait, tout le monde peut les voir, personne ne peut les modifier, et elles agissent instantanément en totale autonomie. On appelle ces formules des *smart contracts*, on en a déjà un peu parlé. Ça donne plein de possibilités qu'on va pouvoir exploiter dans différents secteurs.

Mes transferts sont plus simples

Je commence par le plus simple car c'est son premier usage. La blockchain permet de se passer d'une banque pour transférer et conserver de l'argent.

C'est rapide (même instantané)

Quand l'Ukraine a demandé de l'aide, elle l'a fait en crypto. Pourquoi, à ton avis ? Car il lui a suffi d'un tweet et d'une adresse de portefeuille crypto pour que tous les gouvernements, associations, entreprises et humains puissent lui envoyer de l'argent instantanément et quasiment sans frais.

C'est moins cher

Pendant le Covid, l'État américain a versé plusieurs fois des aides à ses citoyens. Des millions de chèques en papier ont été envoyés par la poste. Mais entre les frais d'envoi et d'encaissement, l'utilisation de crypto aurait pu faire économiser des milliards de dollars à l'État.

C'est sécurisé (sans tricher)

Je t'ai déjà parlé de mon père ? Il est parti quand j'étais petite. Et il a vécu pendant de nombreuses années en Inde en touchant le RSA en France. Je crois qu'il avait trouvé une faille à propos de son identité. Je ne pense pas que c'est lui qui a fait couler la France, hein, mais quand même. Ça soulève le sujet de l'identité numérique et des arnaques en tout genre qu'on peut éliminer grâce à la blockchain.

C'est pour tous (même les plus démunis)

Je vais encore te parler de mon père. J'étais toute jeune et il me disait que la France l'empêchait d'avoir un compte bancaire. À mon avis, il devait être sur une liste de mauvais payeurs et, du coup, il ne pouvait plus être bancarisé.

Mais si on regarde plus loin, il y a 1,5 milliards de gens dans le monde qui n'ont pas accès à une banque. Car ils sont sur une liste comme mon père, sont dans des pays où il n'y en a pas, ne peuvent juste pas supporter les coûts d'une banque, ou ont déménagé et n'ont pas tous les documents nécessaires pour ouvrir un compte. Tout le monde peut avoir un portefeuille crypto, sans papier, n'importe où dans le monde, même si tu n'as pas payé tes dettes dans le passé.

MA VIE EST PLUS SÉCURISÉE

Nos maisons connectées

Toi aussi tu as une Google Home chez toi ? Parce que moi, parfois, je me dis que vu tout ce qu'elle sait sur moi, ça serait embêtant que quelqu'un puisse utiliser ces infos.

En effet, les données de Google Home sont enregistrées sur un serveur centralisé qui appartient à Google. Si la donnée était enregistrée sur la blockchain, je pourrais être sûre que personne n'y a accès.

Nos identités

Sur Internet, j'ai des dizaines de personnes qui volent mon identité, mais imagine si ta carte d'identité et ton permis étaient enregistrés dans la blockchain ! Oui, imagine, on crée un grand livre avec notre identité numérique, nos numéros de sécu, nos certificats de naissance, parfaitement sécurisé pour tout le monde dans le monde !

On ne pourrait plus forcer des femmes à se prostituer pour récupérer leur passeport. On pourrait accéder à des services financiers partout dans le monde. On ne passerait pas des mois à essayer de retrouver nos documents d'enfance perdus dans notre village de naissance.

Nos informations médicales

Déjà quand tu changes de médecin, t'es obligé de refaire ta biographie complète en allant de ton premier rhume à toutes tes doses de Moderna. Alors imagine que tu te casses le genou en randonnée en Patagonie. Ben tu seras content que dans ton dossier, il y ait écrit que tu passes l'arme à gauche si on t'anesthésie avec le produit A, alors qu'avec le B tout va bien.

Enregistré dans la blockchain, c'est infalsifiable, inaltérable, et ton médecin en Patagonie pourra y accéder.

ET CONCRÈTEMENT ?

Grâce à la blockchain, tu peux déjà :

- **acheter un immeuble en crypto,** sans passer par un notaire.
  Qui prend 5 % et 3 semaines pour répondre.
- **être propriétaire de ce que tu fais sur le web avec les NFTs.** Donc, aller sur des réseaux sociaux où le contenu que tu produis t'appartient vraiment (donc qu'on ne peut pas supprimer pour toi).

Mais bientôt tu pourrais :

- **automatiser les processus d'héritage.**
  Qui prennent des mois ou des années d'attente et sont souvent douloureux.
- **systématiser les dédommagements liés aux retards d'avions ou de trains.**
  Aujourd'hui tu as droit à un dédommagement. Oui si tu as la foi d'appeler le service clients, donner X millions de papiers et attendre 3 semaines. Là c'est automatique et instantané.
- **rester juste dans les listes d'attente pour les greffes d'organes.**
  Je t'en parle plus en détails à la fin du livre.

ET DANS LES AUTRES DOMAINES ?

Le secteur logistique : Supply Chain

C'est le trajet que va faire un produit depuis sa fabrication jusqu'à chez toi.

Par exemple, chez Carrefour, la purée mousseline a sa chaîne logistique enregistrée sur la blockchain. Donc tu peux scanner un QR code sur l'emballage et savoir qui est le producteur qui a pris soin des patates et où elles ont été écrasées, etc.

Le secteur civique

Mon *dream :* pouvoir voter à toutes les élections depuis mon canapé avec mon téléphone et que ça soit sécurisé. Car, à date, je n'ai pas compris pourquoi on passe encore par du papier. Sans vouloir critiquer hein. Mais quand même.

Les droits d'auteur

J'ai écouté un podcast sur Shakira le week-end dernier. Dedans, j'ai appris qu'il y a trois de ses plus grands tubes qui sont des méga plagiats. Elle n'a pas pensé que via Internet on pourrait le voir. Si tous les artistes et auteurs avaient leurs œuvres enregistrées dans la blockchain, il y aurait moins de doutes sur la question.

L'immobilier

On en parle de payer 7 % et d'attendre 3 mois pour que le notaire vérifie le cadastre et certifie que notre acte d'achat est officiel, puis que la banque fasse une offre de prêt ? Imagine si le cadastre était enregistré sur la blockchain, pas de triche et tout le monde peut y avoir accès. Maintenant, imagine que ton contrat de propriété soit enregistré sur la blockchain. Pas d'intermédiaire, pas de frais. Et soyons fous, imagine ton prêt est fait sur une plateforme décentralisée. Pas de délai.

L'assurance

On est d'accord que quand ton train à 3 h de retard, la SNCF compte un peu sur notre flemme de faire le *process* de remboursement pour ne pas nous payer ? S'il y avait un *smart contract* qui indiquait « dès 30 min de retard, tous les clients sont crédités », on n'aurait rien à faire.

L'art

L'art c'est tout un sujet, ce n'est pas liquide comme marché, c'est peu accessible, très cher. Bref, si on divisait les œuvres en tokens enregistrés dans la blockchain, on pourrait posséder un bout de Picasso, gagner de l'argent quand les musées le louent ou en gagner quand on le revend. Et avoue que, comme cadeau à offrir, c'est assez stylé !

Pour les créateurs de contenus

Ma pire crainte est que mes comptes sur les réseaux sociaux soient supprimés. Et ça m'est déjà arrivé. Je n'en ai pas dormi car, du jour au lendemain, mon business avait disparu. Oui, je dramatise un peu. Mais n'empêche ce n'est pas loin d'être la vérité. Car rien de ce que je produis sur les réseaux ne m'appartient.

Aujourd'hui la relation que l'on a ensemble c'est : tu me fais grandir en me lisant, en partageant mon travail à tes amis. Et moi je négocie des contrats avec des marques pour pouvoir continuer à t'écrire en étant rémunérée pour ça. Quel est ton intérêt à ce que *Les cryptos de Caro* grossissent ? Aucun. Après tout, le truc existe. Ça change quoi si vous êtes 33 000 ou 100 000 à me lire ? Au mieux, je gagne plus d'argent et tu as accès à plus de contenu. Mais après tout ça n'est même pas sûr.

Mais si demain on intègre une logique de blockchain et que je crée le CaroCoin ? Que j'en offre aux plus engagés de la communauté pour les remercier de partager, lire, et de me faire grandir. Qu'ils sont en vente pour ceux qui veulent bénéficier des avantages d'en avoir dans la communauté. Qu'ils permettent d'accéder à des contenus exclusifs ou à des droits de vote sur les prochaines étapes du projet.

Dans ce cas, non seulement tu bénéficies d'avantages, mais en plus quand moi je grandis, ma crypto prend de la valeur. Et toi, tu t'enrichis. Car tu as investi de l'argent, du temps ou de l'engagement. On est tous alignés.

C'EST QUOI UNE CRYPTO EXACTEMENT ?

On va commencer par évacuer un truc hyper simple : crypto = token = jeton. Différents mots, même définition. Techniquement, c'est juste un bout de code qui existe sur une blockchain. Mais finalement tout ce qui existe uniquement en ligne est un bout de code. Token ou jeton, c'est un actif transférable numériquement entre deux personnes. La crypto est, elle, une monnaie qui se décompose en pièces : tu peux avoir un, deux ou trois bitcoins. Comme avec l'euro quoi. Enfin pas tout à fait.

Car ce n'est pas créé par l'État. N'importe qui peut créer une crypto. Et son prix est variable : il augmente quand la demande monte et baisse quand elle diminue. Tu peux en acheter et en vendre 7 jours/7 et 24 h/24 car ce n'est pas comme le marché de la bourse qui a des horaires.

3

À QUOI ÇA SERT UNE CRYPTO ?

Le bitcoin est la première crypto qui a été créée et elle sert à proposer une alternative aux banques. C'est l'idée d'avoir en sa possession une monnaie qu'une banque ou l'État ne peut pas contrôler.

Et pour qu'une crypto serve à quelque chose, il faut **2 choses** :

- Soit que tout le monde se mette d'accord pour dire que c'est utile et qu'il en veut. C'est le cas du bitcoin.
- Soit qu'elle ait une autre utilité. C'est le cas de la majorité des autres cryptos. Ben oui, ça sert à quoi d'avoir 1M de cryptos, juste comme ça ? À rien. Donc en fait ce sont des entreprises ou des groupes qui vont lancer des projets, et pour utiliser le projet tu dois payer avec la crypto associée.

Pour envoyer n'importe quelle crypto qui est enregistrée sur Ethereum, tu dois payer ce qu'on appelle des frais de gaz (d'enregistrement) en ether. Donc, plus il y a de gens qui utilisent cette blockchain, plus il y a de gens qui doivent acheter de cette crypto pour pouvoir payer les enregistrements. Et plus la monnaie prend de la valeur.

En crypto, l'idée c'est de créer un projet qui apporte de la valeur ajoutée mais que tu ne puisses l'utiliser qu'en possédant la crypto du projet. Ainsi, plus le projet prend de l'ampleur, plus la crypto prend de la valeur et du coup les créateurs et les utilisateurs du projet sont tous rémunérés.

LA CRYPTO

TRANSFORME LA FINANCE

CHANGE LE PARADIGME
DE L'ÉCONOMIE GLOBALE

SIMPLIFIE NOTRE VIE

PASSER D'UNE ÉGALITÉ
DE DROIT À UNE ÉGALITÉ DE FAIT

SAVOIR EXPLIQUER L'INTÉRÊT DES CRYPTOS : PETIT GUIDE DE SURVIE

Dans les prochains mois, tu seras forcément invité à un dîner de famille, de boulot ou un brunch avec des amis. Avec la chance que tu as, tu vas forcément te retrouver à côté de quelqu'un qui ne comprend pas du tout pourquoi tu t'intéresses aux cryptos.

Et là si tu n'as pas les arguments pour élever un peu le débat, tu passeras un mauvais moment, et moi je ne peux pas dormir en sachant ça. Alors voici la liste des arguments que tu peux donner !

1. LA CRYPTO TRANSFORME LA FINANCE

Celui-ci c'est le plus facile j'avoue, donc tu peux commencer par là.

Le problème que tu peux souligner

Le système bancaire actuel est centralisé.

- **que tu en sois conscient ou non : ta banque ne garde pas pour toi ton argent. Elle t'a signé une reconnaissance de dette, et elle te rend cet argent quand tu lui demandes. Seulement si elle le peut et selon ses propres conditions.**
- **ensuite rappelle-toi que c'est l'État qui crée les monnaies que nous utilisons et par l'intermédiaire des banques centrales, c'est lui qui décide de la valeur de l'euro.**

Tu penses que tu t'en fous, mais ce que ça veut dire tout ça, c'est qu'un tout petit groupe de personnes prend des décisions que tu ne maîtrises pas, ce qui peut avoir pour conséquences une dévalorisation de ton argent et une impossibilité d'y avoir accès.

Les cryptos sont donc une solution technologique qui permet de reprendre ce pouvoir qui est dans les mains de l'État et des banques aujourd'hui.

Les 3 solutions apportées par la crypto

- en remplaçant les banques par un algorithme et un portefeuille crypto qui permettent de faire le même job mais sans risque de prise de contrôle de ton argent.
- en remplaçant la banque centrale par la loi du marché, le prix n'est pas maintenu artificiellement par un mécanisme qu'on paie par de l'inflation ou des taux d'intérêts exorbitants. Si les gens veulent de la crypto son prix monte, s'ils n'en veulent pas, son prix baisse. Et ce mécanisme tend à se stabiliser à long terme.
- en rendant publiques les lois qui régissent une crypto qui sont inscrites et inviolables aux yeux de tous dans la blockchain. Contrairement aux décisions monétaires qui sont prises et modifiées à huit clos sans qu'on le sache.

Normalement avec ça, tu l'as un peu calmé, mais admettons qu'il soit coriace...

2. LA CRYPTO CHANGE LE PARADIGME DE L'ÉCONOMIE GLOBALE

J'écris le titre comme ça pour que tu puisses te la péter un peu en le ressortant (mais entre nous on sait qu'on n'a pas besoin de parler comme ça pour avoir l'air intelligent).

Le problème que tu peux souligner

Ouvrons un peu les yeux sur le système économique actuel : un système dans lequel seuls les membres fondateurs et les actionnaires bénéficient vraiment de la croissance économique d'un projet.

Ça fait peut-être des années que tu achètes des Iphones ? Ou que tu commandes sur Amazon ? Que tu paies Netflix ? Eh bien quand tu achètes le dernier Iphone, tu enrichis les actionnaires et les fondateurs d'Apple. Ceux qui détiennent les parts du capital de l'entreprise. Mais est-ce que toi en tant que client, tu bénéficies de cette croissance ? On t'envoie un chèque à la fin de l'année pour te remercier d'avoir contribué à la croissance de la boîte ?

Allons plus loin, est-ce que tu sais si les salariés d'Apple sont récompensés ? Alors oui ils ont un job, et peut-être des bonus aussi. Mais est-ce que tu as l'impression que leurs bonus sont en cohérence avec la croissance monumentale de l'entreprise ? Ben, pas du tout.

Nous sommes dans un système où l'argent et la prise de risque sont les seules valeurs à vraiment être récompensées. Si tu as mis 20€ à la création d'Apple, tu es multimillionnaire. Mais si tu y as bossé

20 ans, tu ne l'es pas. Ce système est profondément injuste car il ne reconnaît ni le temps passé, ni l'engagement comme des valeurs méritant d'être récompensées réellement.

Les solutions apportées par la crypto

Les cryptos permettent de réaligner les intérêts de toutes les parties. Dans une économie crypto, si tu fais grandir un projet, tu es récompensé en conséquence :

- **tu l'as imaginé ;**
- **tu as investi de l'argent ;**
- **tu y as travaillé tous les jours ;**
- **tu es client ;**
- **tu le recommandes à tes amis.**

Toutes ces formes d'engagement sont récompensées de la même manière : de la cryptomonnaie du projet que tu soutiens.

Quand le projet grandit, tu gagnes aussi, et ce n'est pas soumis à la validation d'un petit groupe qui pourrait te la faire à l'envers. Car tout est automatisé dans la blockchain.

Si là tu ne l'as pas convaincu, il te reste à lui donner des exemples concrets qui changent son quotidien.

3. LA CRYPTO SIMPLIFIE NOTRE VIE

- **en crypto, tu peux acheter un immeuble sans passer par un notaire, et pourtant c'est bien officiel ;**
- **en crypto, bientôt tu pourras voter sans risque de fraude et depuis chez toi ;**
- **en crypto, tu pourras être propriétaire de ton contenu Internet sans céder tes droits aux réseaux sociaux, comme sur Punchword ;**
- **en crypto, tu peux automatiser les processus d'héritages douloureux.**

4. PASSER D'UNE ÉGALITÉ DE DROIT À UNE ÉGALITÉ DE FAIT

En crypto, tu peux conserver dans un registre global tous tes résultats de santé et donc sauver la vie à plein de gens en ayant accès à toutes les infos partout dans le monde. Tu as un accident dans n'importe quel pays, tu n'auras peut-être pas le meilleur hôpital mais eux, ils auront accès aux infos pour te soigner.

Si tu as besoin d'une greffe d'organe, tu es placé sur une liste. Mais si tu es riche ou puissant… Si ça se trouve, tu as les moyens de sauter des places. Si on enregistre la position de chacun dans la blockchain, ça sera impossible à falsifier. Plus de suspicion que les plus riches soient prioritaires.

En conclusion, la crypto nous rend plus libre car elle nous permet de nous passer de tous les intermédiaires qui ont un pouvoir sur nous.

LE RÔLE DES CRYPTOS

Les cryptos ont un rôle officiel, celui que tu connais sûrement mais que je vais te rappeler au cas où. Mais surtout, ça a un rôle officieux, que je trouve merveilleux.

Le rôle classique des cryptos

Les cryptos sont des monnaies numériques qui utilisent la technologie de la blockchain pour assurer la sécurité et la transparence des transactions. Elles ont été conçues pour offrir une alternative aux monnaies fiduciaires traditionnelles comme l'euro et le dollar.

Le rôle des cryptos peut varier.

certaines personnes les utilisent comme moyen de paiement pour acheter des biens et des services en ligne ;

d'autres les considèrent comme un investissement à long terme ;

certaines entreprises utilisent également les cryptos pour faciliter les transactions internationales et réduire les coûts liés aux frais de change et aux frais bancaires.

Il existe de nombreuses cryptos différentes, chacune ayant ses propres caractéristiques et utilisations.

Notre intérêt personnel

Tu crois que ça n'a rien à voir mais tu vas comprendre très vite : tu as remarqué que ce qui est bien pour le plus grand nombre mais qui ne rapporte pas directement quelque chose aux petits égoïstes que nous sommes ne va jamais loin.

Tu vas manifester pour un truc qui ne te concerne pas ? Tu as changé totalement ta vie pour devenir berger et sauver la planète alors que tu sais qu'elle va crever si on ne fait rien ? Je ne dis pas ça pour te blâmer loin de là. Je dis ça car j'ai remarqué qu'on s'en fout toujours des autres. Ce qui nous touche c'est nous.

Tout le monde s'intéresse aux cryptos car elles nous donnent l'opportunité de nous enrichir à moyen terme. Donc c'est individuel. Sur une durée qu'on comprend. C'est pour s'enrichir qu'on s'intéresse aux cryptos et, c'est ensuite, qu'on capte qu'elles fonctionnent grâce à une merveilleuse technologie qui, elle, change le monde.

Les cryptos c'est un cheval de Troie !

Permettre l'adoption massive de la blockchain

Toi, tu veux gagner de l'argent et pour ça tu investis dans les cryptos et c'est cet investissement qui permet aux projets de l'univers crypto d'avoir énormément de budget pour aller plus vite dans leurs innovations.

Effectivement, l'un des aspects les plus intéressants des cryptos est leur capacité à attirer les investisseurs en proposant des rendements très attractifs sur des périodes relativement courtes. Mais en même temps, ce phénomène peut être considéré comme une conséquence naturelle de l'individualisme qui règne dans notre société.

Néanmoins, il est possible de voir le verre à moitié plein : l'appât du gain peut parfois mener à des développements bénéfiques pour l'ensemble de la société. C'est notamment le cas dans le domaine de la blockchain qui, grâce à la popularité des cryptos, a pu bénéficier d'un financement conséquent pour accélérer ses évolutions.

Ainsi, les investisseurs qui ont contribué au financement des projets de la blockchain ont indirectement permis l'adoption massive de cette technologie, en accélérant la recherche et le développement de solutions innovantes. Ce qui était au départ un simple outil de stockage de données est aujourd'hui devenu une technologie clé pour des applications allant de la finance à l'agriculture en passant par l'industrie.

Il est important de souligner que la blockchain, bien qu'étant une technologie très prometteuse, a encore du mal à convaincre le grand public. Cela peut s'expliquer par son caractère complexe, qui la rend difficile à appréhender pour les non-initiés. C'est pour cela que les cryptos ont un rôle important à jouer dans l'adoption massive de la blockchain : elles permettent de familiariser les utilisateurs avec la technologie en leur offrant un intérêt immédiat et concret.

En effet, la popularité des cryptos a permis l'émergence de nombreuses applications concrètes de la blockchain, telles que les contrats intelligents ou les plateformes de financement participatif. Ces applications offrent des services concrets et faciles à comprendre pour les utilisateurs, tout en exploitant les avantages de la technologie blockchain.

En somme, les cryptos peuvent être considérées comme un appât parfait pour les investisseurs, mais elles ont également un impact positif sur la société en contribuant au développement de la blockchain. Les investissements dans les cryptos ont permis de financer des projets innovants, qui ont permis à la blockchain de se développer plus rapidement, tout en permettant aux utilisateurs de découvrir les avantages de cette technologie.

Ainsi, les cryptos peuvent être considérées comme un outil de sensibilisation à la blockchain, qui peut mener à des évolutions bénéfiques pour l'ensemble de la société.

PETIT POINT INFLATION

Dans ce chapitre, nous allons nous pencher de façon un peu plus précise sur le contexte dans lequel les cryptos ont été créées. Je ne sais pas quel jour nous sommes au moment où tu lis ce livre mais, au moment où je l'écris, on ne parle que d'inflation, de la FED qui monte ses taux d'intérêts et de l'euro qui perd de sa valeur.

Et que tout ça a un impact sur les cryptos.

4

Je ne sais pas toi mais, pour moi, ça a toujours été normal de payer ma baguette 0,90€ et que l'année suivante elle me coûte 1€. Dans ma tête, c'était simplement quelque chose avec lequel il faut vivre : gagner plus d'argent chaque année sans que cela veuille dire vivre mieux, juste vivre pareil. Je suis une enfant de l'inflation, et peut-être que toi aussi.

Aujourd'hui, la situation est pire que jamais aux États-Unis et en Europe : près de 9 % d'inflation pour les deux continents. Je me représente ça comme si on jouait à Tetris : jusqu'à présent c'était un peu difficile mais on s'en sortait et là, le jeu passe au niveau de difficulté supérieur sans prévenir et, en trois secondes, on est dépassé. Les Américains ont ainsi dû faire face à une hausse des prix alimentaires de 12 % en un an. Ça ne fait vraiment pas rire quand on n'a aucune option pour augmenter ses revenus. En Europe, tu as peut-être entendu parler de l'augmentation du coût de l'énergie à cause de nos besoins en gaz qu'on achète en Russie.

Ce « changement de niveau », dont on se serait bien passé, on le doit en fait aux banques centrales européennes et américaines et aux décisions qu'elles ont prises au moment de la crise sanitaire, quand l'économie mondiale était à l'arrêt. Je ne sais pas si tu te rappelles qu'à ce moment-là, il fallait relancer l'économie et des subventions se sont mises à pleuvoir… Cet argent, il a été créé spécialement pour cette situation. Pourtant le génie avait déjà prévenu Aladdin : « chaque vœu à un impact qu'il faut mesurer ».

PETITE DÉFINITION

La banque centrale est une institution publique chargée par l'État de conduire la politique monétaire d'un pays ou d'une zone pour le cas de l'Europe.

LA POLITIQUE INFLATIONNISTE DE MA MAISON

Cette semaine, un ami m'a fait une remarque : « Chez toi Caro, il y a toujours du champagne. » Le champagne est un produit qui est plutôt cher et assez rare. On le sort normalement pour les grandes occasions. Je ne t'apprends rien. Sauf que moi, j'adore ça ! Donc, tous les ans, je file en Champagne, directement chez les producteurs que j'aime, et j'achète des cartons entiers de champagne à un prix super raisonnable. Ensuite, dès que j'ai des invités, j'en propose. Sans occasion, juste pour un verre. Le résultat de ça, c'est que le champagne a l'air moins précieux.

En inondant le marché de ma proposition de champagne pour mes invités, il perd de sa valeur. Si tu viens chez moi une fois par mois, tu apprécies et tu te dis juste « oh wow, c'est cool chez Caro ». Mais si tu passes presque tous les soirs, tu vas t'habituer. Et au bout d'un moment, tu me demanderas peut-être même de boire une bière à la place. C'est choquant. Pourtant, c'est vrai.

- Si ma maison représente un pays, moi je suis l'État.
- Et j'ai changé les règles d'un produit qui est censé être contrôlé (sorti pour les anniversaires et les célébrations).
- Je l'ai rendu inflationniste : j'ai artificiellement inondé le marché avec.

Le champagne, c'est l'argent. Au bout d'un moment, ça a perdu de sa valeur, car souvent l'inflation est liée à la quantité de monnaie en circulation : plus tu crées de billets verts, moins ils ont de valeur donc il en faut plus pour acheter la même chose. Voilà ce que l'on vit en ce moment, et sans vouloir être alarmiste, ce n'est sans doute pas fini.

LES TAUX D'INTÉRÊTS

Les privilégiés, qui peuvent augmenter leurs revenus en demandant une augmentation à leur patron, en montant des entreprises ou en investissant, dorment encore assez tranquillement.

Mais les autres ? Aux États-Unis, ils vont avoir faim et en Europe, ils auront froid. Alors que font les banques centrales ?

Elles essaient de stopper cette inflation. Et pour cela, elles font monter les taux d'intérêts. En gros, ça te coûte plus cher de faire un crédit. Si ça coûte plus cher d'emprunter, les gens le font moins, et ça diminue la quantité de monnaie en circulation. Donc les gens achètent moins et ça va faire diminuer les prix. Et augmenter le pouvoir d'achat. Enfin, ça c'est l'idée.

C'est donc un tout petit nombre de personnes qui font *n'imp* avec la monnaie. Ils en créent en masse puis tirent des ficelles dans tous les sens pour essayer de rectifier le tir. Au moment où je t'écris, la banque centrale américaine a annoncé une nouvelle hausse de 0,75 % des taux d'intérêts.

Et dans l'heure qui a suivi, le bitcoin et l'ether ont chuté. Ce qui se passe c'est que rendre l'emprunt plus cher fait que les investisseurs vont se débarrasser de leurs actifs les plus risqués. Pour l'instant, le bitcoin fait partie des actifs les plus risqués, mais il est construit dans sa nature pour lutter contre l'inflation justement.

LE BITCOIN : VOUS LE CONNAISSEZ TOUS ?

On dit que le bitcoin est de nature désinflationniste car, à terme, il sera censé résister à l'inflation. Dans ses règles, il est inscrit qu'il y aura 21M de bitcoins émis, pas un de plus, pas un de moins. Cela veut dire que personne ne peut s'amuser à en émettre à volonté comme cela arrive avec l'euro.

Donc théoriquement sa valeur ne peut pas diminuer à cause de ça. C'est pour cette raison que les puristes disent que c'est une monnaie « pure » qui ne peut pas être manipulée. En tout cas pas par un petit groupe qui va impacter le monde à cause de ses décisions.

5

MONNAIE D'ÉTAT, MONNAIE MAFIA ?

Si je finis en taule à cause de ce nom de chapitre, n'oublies pas de m'envoyer un cageot d'oranges ! Je ne sais pas si tu le sais, mais sache qu'en France, si tu t'amuses à frapper ta propre monnaie ou à imprimer tes billets persos, tu peux aller 5 ans en prison et merci de déposer 75 000€ sans passer par la case départ. En France, il vaut clairement mieux chourer les bijoux de ta grande tante que créer tes propres billets de Monopoly.

Sauf que, tu ne vas pas me croire, mais la monnaie d'État, elle a quand même un fonctionnement qui ressemble un peu à un épisode des Soprano.

TU AS DÉJÀ ENTENDU L'ABOMINABLE MOT « POLITIQUE INFLATIONNISTE » ?

En fait, c'est la banque centrale qui crée la monnaie. Et elle en distribue en continu. Ça veut dire qu'elle continue de créer des billets toute la journée. Sans que nous puissions dire quoi que ce soit, ni avoir d'informations sur le sujet. Ça, c'est une politique inflationniste (en gros).

Tu te dis : « bah on s'en fout, non ? » Mais pas trop. Car c'est à cause de ça que ton argent vaut moins tous les ans… Quand on dit qu'au 1er janvier le taux d'inflation est de 1 %. Ça veut dire qu'on a créé tellement de billets dans l'année, que maintenant tes 100€ ils ne valent plus que 99€. Donc tu as perdu 1€. Ça n'a l'air de rien mais tout cumulé, c'est énorme.

Alors pourquoi l'État fait ça, tu vas me dire ? Vu que cela ne nous aide pas tellement, nous, le peuple. Parce que sur ce sujet, nos intérêts ne sont pas tellement alignés. Lui, l'État, le fait car cela lui permet de réduire sa dette (on ne va pas trop rentrer dans les détails sur ce sujet, *because* je ne suis pas prof d'éco). Mais aussi pour « soutenir l'économie ». Alors là, ça veut dire quoi ? Que créer des billets, ça fait baisser les taux d'intérêts des emprunts ce qui permet aux gens d'acheter plus, mais c'est aussi le serpent qui se mord la queue, car le pouvoir de l'argent diminue et il en faut toujours plus pour faire moins.

Bref. C'est le problème qui se fait passer pour la solution. Tout ça, ce n'est déjà pas ouf. Mais depuis qu'on n'en a plus rien à faire d'avoir des billets, tout se fait en numérique. Et devine quoi ? C'est plus simple pour l'État de contrôler notre argent et de prélever l'impôt dessus de cette manière. Heureusement, ils n'ont pas légiféré sur une interdiction de créer une monnaie numérique…

LA MONNAIE DU PEUPLE

Alors on est là :

- « *le bitcoin, il est volatile.* »
- « *c'est quoi ce prix qui dépend de l'offre et la demande ?* »…

Mais quand tu sais que l'État fait n'importe quoi avec les billets sans qu'on n'y puisse rien. Et que tout ça, ça fait baisser la valeur de notre argent… On se dit quand même que finalement, le bitcoin, c'est la liberté de créer dans un domaine qui est dominé par la puissance publique depuis toujours.

Car depuis le 3 janvier 2009, on peut envoyer des fonds à qui on veut, n'importe où dans le monde, quand ça nous chante, et presque sans frais. Le bitcoin c'est la fin du monopole monétaire imposé par l'État.

BITCOIN : SAIN DE CORPS ET D'ESPRIT ?

Ok, ok, j'ai *trashé* sur notre monnaie et je n'ai pas expliqué en quoi le bitcoin a un fonctionnement plus sain. Beaucoup de détenteurs de bitcoin disent que c'est une monnaie saine car son prix est librement choisi par le marché et qu'il est à l'abri des interventions en *scred* de l'État qui impactent sa valeur. Car contrairement aux euros qui se frappent aussi facilement qu'un *high five*, le bitcoin est difficile à produire. En fait, il a carrément été codé dans le but de résister à l'inflation.

Son code ne peut pas évoluer pour changer sa politique monétaire. Il y en aura 21M, pas un de plus. Et le nombre de bitcoins créés sera divisé par deux tous les 4 ans jusqu'à ce qu'ils soient tous créés. C'est pour ça qu'on dit que c'est dur à produire.

Et il est très difficile à censurer. Ça veut juste dire qu'une fois qu'une transaction est effectuée et donc enregistrée sur sa blockchain, il faut se lever tôt si tu veux essayer d'effacer la transaction. Alors qu'avec l'euro...

Ok, ok, on a compris : c'est une monnaie saine. Mais du coup, pourquoi elle domine aussi les autres cryptos ?

POURQUOI EST-IL UNIQUE AU MONDE ?

La vraie question là-dessous c'est : si le bitcoin est une monnaie saine, qu'elle est rare, qu'elle est sécurisée, pourquoi toutes les cryptos qui s'inspirent d'elle ne sont pas aussi utilisées ?

Tu as déjà compris que ce qui rend le bitcoin unique ce n'est pas son code. Car il est disponible en open source. Cela veut dire que même moi qui suis une bille en informatique, je peux juste faire un copier-coller du code du bitcoin et créer ma propre crypto qui fonctionne sur les mêmes bases que lui.

Donc je vais te donner les arguments (que je connais) qui expliquent pourquoi le bitcoin domine le marché crypto depuis sa création et pourquoi plus le temps passe, plus sa position se renforce.

En ce moment, le bitcoin domine le marché crypto à 40 %. Cela signifie que sur l'ensemble des échanges faits en cryptos dans le monde, il y en a 40 % qui sont faits en bitcoin.

1. LES AVANTAGES À ÊTRE LE PREMIER

Rien que par cette position, il bénéficie de conditions qu'aucune des autres cryptos ne peut reproduire. C'est par exemple la seule à avoir connu une croissance d'adoption totalement organique. Personne n'a fait de grand marketing autour du lancement bitcoin. Les ICO n'existaient pas. Le mot Airdrop n'avait jamais été prononcé. Aucun spéculateur fou ne s'est jeté sur le projet. Je ne crois même pas qu'il y ait eu de *haters*. Il a juste été construit au fur et à mesure par des idéalistes portés par la vision d'un système nouveau.

Vu que c'est la première à avoir été créée, elle existe depuis longtemps. Tu sais quand tu lis sur une devanture de café « Café depuis 1967 », tu te dis qu'il est solide le bazar... Ben pareil. Plus le bitcoin survit, plus ses chances de survivre augmentent.

LE BITCOIN

C'EST COMME TON **PAPY**,
IL NE CHANGE PAS D'AVIS

IL N'EST **PAS PARFAIT**
MAIS C'EST DÉJÀ
UNE **ROCKSTAR**

2. IL N'A PAS DE CHEF CHARISMATIQUE

Là, je sais que tu te demandes comment le délire peut être un avantage. Mais avoir la force d'un meneur ça veut aussi dire dépendre d'un meneur. C'est le cas avec Ethereum et Vitalik Buterin, et toutes les boîtes ultra cool comme Tesla avec Elon Musk.

Oui, mais n'avoir qu'un créateur anonyme, ça fait du bitcoin la monnaie du peuple. Et ça la libère de l'image d'un seul homme. Symboliquement, c'est important. Et puis, j'en ai marre de ne voir que des images d'hommes sur le sujet, mais ça, c'est une autre histoire.

3. LE BITCOIN C'EST COMME TON PAPY, IL NE CHANGE PAS D'AVIS

En gros, dans son code, il a été prévu qu'en cas de désaccord de la communauté, on ne fait rien. Donc le bitcoin évolue peu, contrairement à d'autres cryptos qui évoluent beaucoup (cf. Ethereum qui change carrément ses fondations en ce moment). Pourquoi est-ce un avantage ? J'ai dû un peu potasser pour pouvoir répondre à cette question.

Mais je crois que c'est dans une idée de confiance générale en un truc immuable qui ne changera pas. Alors que des cryptos qui ont une forte latitude pour mettre en place des changements peuvent tout d'un coup faire n'importe quoi...

4. IL N'EST PAS PARFAIT MAIS C'EST DÉJÀ UNE ROCKSTAR

Plus le bitcoin devient connu, plus c'est facile pour lui de s'imposer partout. Il bénéficie de l'effet de réseau. Tu sais qu'il existe une langue pensée et inventée pour être la langue la plus simple à apprendre pour tout le monde ? C'est l'espéranto. Et si tu le savais, bah bravo. Maintenant, laisse-moi te demander : tu le parles ? Ben non.

Pourquoi ? Parce que c'est plus simple d'apprendre la langue que tout le monde parle le plus. Donc comme tous les Français, tu te farcis un accent moisi et tu parles anglais. C'est ça, l'effet de réseau. L'utilité réelle d'un truc, c'est que des gens l'utilisent. Donc l'espéranto, sur le papier il est parfait, mais dans les faits, il ne sert à R, car personne ne l'utilise. Donc, ce n'est pas parce que le bitcoin est techniquement mieux que les autres que c'est le meilleur.

C'est le roi des cryptos, car tout le monde le connaît et l'utilise déjà. L'avantage que ça lui donne, c'est que plus il est connu et utilisé, plus ça renforce un cycle méga vertueux :

- Plus de gens en veulent.
- Donc son prix augmente.
- Du coup, ça attire des mineurs (qui sont rémunérés en bitcoin).
- Leur présence augmente la puissance de calcul de la communauté.
- Ce qui sécurise encore plus le bitcoin.
- Ce qui renforce la confiance des gens dans cette monnaie.
- Donc ils l'utilisent plus.
- Et la demande augmente.

Et ça va même plus loin : plus il est connu, plus des développeurs veulent bosser sur ce protocole. Plus ça permet de créer des applications où le bitcoin est compatible. Plus ça augmente son intérêt. Et tout ce phénomène vient renforcer la liquidité du bitcoin.

On t'a déjà dit que le marché de l'art n'est pas liquide ? Ça veut dire que quand tu achètes une œuvre, ok elle vaut un prix sur le marché mais c'est difficile de la revendre, car les demandes sont assez rares et les moyens de rencontrer les acheteurs sont aussi compliqués. Alors que grâce à ce qu'on a décrit, le bitcoin, lui, n'a pas ce problème.

Bon ben voilà. Maintenant tu sais pourquoi le bitcoin domine presque tout. Et du coup, ça va me permettre de t'expliquer ce sujet trop intéressant que sont les maximalistes du bitcoin.

POURQUOI LES GOUVERNEMENTS DÉTESTENT LE BITCOIN ?

Henry Ford a dit : « C'est assez bien que les citoyens ne comprennent pas notre système bancaire et monétaire, car s'ils le faisaient, je crois qu'il y aurait une révolution avant demain matin. » Tu as remarqué que quand les gouvernements parlent de crypto on a l'impression que c'est la monnaie des pirates et que de toute façon elle est déjà finie ?

Je ne suis pas dans la team complotiste, mais je me suis demandé si ce n'était pas un peu l'hôpital qui se fout de la charité.

Pour moi les gouvernements craignent tout simplement que les cryptos menacent leur propre autorité financière. Ils ont toujours contrôlé le système financier : de la monnaie fiduciaire à la réglementation des échanges de devises.

Et c'est vachement utile il faut dire, c'est comme ça qu'ils lèvent les impôts, financent les dépenses publiques et contrôlent les flux de capitaux. Alors les cryptos, encore plus que les billets à l'époque, menacent cette autorité en offrant un moyen de transférer de la valeur sans passer par les banques ou les gouvernements.

COMMENT ON NOUS FAIT PEUR ?

Si le développement des cryptos ne les arrange pas, il y a plusieurs solutions pour freiner son expansion. La première, c'est de faire peur aux clients (nous) pour qu'ils ne s'y intéressent pas de trop près. Et la seconde, c'est de réglementer les contours de son utilisation pour essayer de perdre le moins de pouvoir possible.

Du coup quand on nous parle de cryptos on aime bien les associer à des activités illégales comme le blanchiment d'argent et le financement du terrorisme. Les gouvernements sont prompts à souligner ces risques et à proposer une réglementation stricte pour les cryptos.

Cette réglementation peut être nécessaire pour empêcher les activités illégales et protéger les investisseurs, mais elle peut également entraver l'innovation et la croissance de la technologie des cryptos.

Activités illégales ?

C'est vrai que le bitcoin peut être utilisé pour des activités illégales telles que l'achat de drogues, d'armes et d'autres produits illicites sur le *dark web*. Il n'est donc pas impossible que les gouvernements s'inquiètent de l'impact du bitcoin sur la sécurité publique.

Fluctuations de prix

Le bitcoin n'est pas réglementé de la même manière que les monnaies traditionnelles. Les gouvernements n'ont donc aucun contrôle sur sa valeur ni sur sa circulation, ce qui peut entraîner des fluctuations imprévisibles du marché et des risques financiers.

ET SI LES BLANCHISSEURS N'ÉTAIENT PAS CEUX QU'ON CROIT ?

Tu as peut-être entendu que le bitcoin est utilisé pour blanchir de l'argent. Sauf que le blanchiment n'a pas été inventé ces 10 dernières années. En réalité, c'est avec le dollar américain dans le système bancaire actuel que le blanchiment d'argent se produit à grande échelle : les banques ont longtemps été accusées de faciliter le blanchiment d'argent en ne signalant pas les transactions suspectes.

Elles sont également connues pour avoir créé des structures complexes de sociétés offshore dans des pays comme les Îles Caïmans pour aider les riches à cacher leur argent.

C'est là que le bitcoin entre en jeu. Avec le système bitcoin, chaque citoyen pourrait voir exactement comment les gouvernements et les banquiers utilisent leur argent. La technologie blockchain permet à tout le monde de voir où va l'argent.

Cependant, cette transparence et l'absence d'un *leader* pour contrôler le peuple font peur. Les gouvernements et les banquiers ne veulent pas perdre leur pouvoir. L'argent collecté par le biais des impôts est actuellement utilisé de manière opaque. C'est quelque chose qui permet aux puissants du système actuel de se cacher.

QUE FONT LES GOUVERNEMENTS CONTRE LE BITCOIN ?

Maintenant que nous avons établi cela, voyons ce que font les gouvernements contre le bitcoin.

1. RÉGLEMENTATIONS

La première chose que les gouvernements font contre le bitcoin est d'imposer des réglementations. Les gouvernements du monde entier cherchent à réglementer le bitcoin pour éviter les activités illégales et protéger les investisseurs.

Par exemple, en 2019, le gouvernement français a adopté une loi qui oblige les plateformes de trading de cryptos à se conformer à certaines exigences de sécurité et de transparence. Aux États-Unis, la Securities and Exchange Commission (SEC) a adopté des réglementations pour les ICO (*Initial Coin Offerings*) pour protéger les investisseurs contre les fraudes.

2. INTERDICTIONS

Certains gouvernements ont également choisi d'interdire le bitcoin. C'est le cas de la Chine qui a interdit les ICO et l'accès aux plateformes de trading de cryptos en 2017.

Le gouvernement chinois a également fermé plusieurs fermes de minage de bitcoin dans le pays. De son côté, l'Inde a aussi interdit les banques de traiter avec des échanges de cryptos en 2018.

3. SURVEILLANCE

Enfin, les gouvernements surveillent de près les activités liées au bitcoin. Le gouvernement américain, par exemple, a créé une unité spéciale : le Groupe de travail sur les crimes financiers virtuels, pour enquêter sur les crimes liés au bitcoin et à d'autres cryptos. Ce groupe travaille également à développer des réglementations pour protéger les consommateurs et les investisseurs.

ET EN EUROPE ?

Actuellement, la réglementation des cryptos en Europe varie d'un pays à l'autre. En général, les autorités européennes ont exprimé leur préoccupation quant aux risques liés aux crypto-actifs, tels que la volatilité des prix, la protection des consommateurs, la sécurité et le blanchiment d'argent.

En réponse à ces préoccupations, certains pays ont mis en place des réglementations spécifiques pour les cryptos. En France, la réglementation est assez stricte, avec l'obligation pour les plateformes d'échange de cryptos de s'enregistrer auprès de l'AMF (Autorité des marchés financiers) et de respecter des mesures de lutte contre le blanchiment d'argent. En Allemagne, les cryptos sont considérées comme des « instruments financiers » et sont soumis à une réglementation financière plus large.

Au niveau européen, la Commission européenne a proposé une réglementation en septembre 2020 appelée « Markets in Crypto-Assets » (MiCA), qui vise à créer un cadre réglementaire harmonisé pour les crypto-actifs dans l'UE. Cette réglementation propose des règles pour les émetteurs de cryptos, les prestataires de services de crypto-actifs et les tokens.

LES MAXIMALISTES DU BITCOIN

Moi je crois à mort au bitcoin et je suis méga fan de toutes les initiatives qu'on peut porter grâce à la blockchain. Pour moi, c'est une rampe de lancement pour des initiatives d'innovations sociétales. Du coup, je suis plutôt favorable à l'arrivée des nouveaux projets cryptos. Les maximalistes eux, pas du tout !

Laisse-moi t'expliquer pourquoi et quel est leur impact sur le marché crypto. Eh oui… dans les cryptos il y a aussi des courants de pensée et de la politique. Je n'étais pas prête. *#bisounours.*

C'EST QUOI CE MOUVEMENT MAXIMALISTE ?

En fait, leur objectif c'est de maximiser la dominance économique du bitcoin. Très concrètement, cela veut dire que sur l'ensemble des échanges qui existent sur le marché crypto, ils veulent que le bitcoin domine au maximum le *game*. En ce moment, il domine à 40 %. Ça veut dire que 40 % des échanges cryptos sont en bitcoin. Mais il y a une époque où il dominait à 70 % !

C'est le fondateur d'Ethereum qui a défini clairement ce courant de pensée en premier. Il disait que n'importe quelle crypto fait concurrence au bitcoin. Peu importe sa raison d'être. Et que c'est mal car ça diminue les chances du bitcoin d'avoir un monopole absolu sur la scène crypto.

Lui, il disait ça de façon ironique. Sauf que… c'est vraiment ce que pensent les maximalistes.

J'avoue que je ne comprends pas trop. Enfin, je comprends que les cryptos qui ne soutiennent pas de projets, qui sont juste une monnaie, sans rien de plus, ou qui se définissent comme un « bitcoin killer » soient des concurrents directs du bitcoin. Mais pour toutes les autres, franchement je ne vois pas le problème. Parce qu'ils vont quand même loin les maximalistes. Ils disent carrément que le bitcoin est la seule cryptomonnaie qui doit exister et que toutes les autres ne sont pas seulement mauvaises techniquement, mais aussi moralement.

POURQUOI ILS ONT UN RAISONNEMENT SI EXTRÊME ?

Pour faire simple : tu te rappelles quand on a dit que le bitcoin est méga puissant grâce à l'effet de réseau *(le fait que tout le monde le connaisse et l'utilise déjà)* ? Bon. On a aussi parlé du fait que plus son prix augmente, plus il est solide. Ça veut aussi dire que si son prix diminue, le bitcoin se fragilise.

Donc, les maximalistes se disent que si les gens se dispersent et achètent d'autres cryptos ça fait forcément baisser son prix et donc ça le fragilise. Pour eux, la présence d'autres cryptos n'est pas une simple coexistence, mais une déclaration de guerre. Leur simple présence porte atteinte à la sécurité du bitcoin. Il faut donc les éliminer.

Est-ce que toi aussi tu te demandes s'ils assument cette pensée ou s'ils font ça sournoisement en ayant un peu honte ? *Comme moi quand j'ai insinué à ma mère que c'était ma sœur qui avait fini la dernière mousse au chocolat... J'assume pas de ouf.*

Eh bien non ! Les maximalistes sont animés par leur quête personnelle : rendre le monde meilleur grâce à une monnaie saine pour tous. Ils sont donc très fiers de ce qu'ils font. Ils ne s'en cachent absolument pas. Ils se définissent d'ailleurs comme l'équivalent de nos globules blancs. Les cours d'SVT ça te rappelle un truc ? Zéro négociation possible ! Si tu essaies de passer, on te bute car tu mets en danger l'organisme. Mais du coup comment agissent-ils ?

LES ACTIONS DES MAXIMALISTES (CES TROLLS)

C'est simple, ils ont surtout deux stratégies. La première est leur injonction à accumuler du bitcoin et à ne surtout jamais le dépenser ! Leurs remarques *pref'* ?

- *« buy bitcoin » : achète du bitcoin ;*
- *« stack sats » : entasse tes satoshis ;*
- *« buy the dip » : achète la baisse ;*
- *« HODL » : conserve !*

Moi je ne savais pas, vu que j'entends tout le temps ces expressions, mais à la base c'est un jargon maximaliste !

Et leur seconde action majeure... (ce n'est pas très joli je te préviens), c'est de critiquer un max tous les autres projets. Les maximalistes appellent « *shitcoins* » tous les projets. Le but, c'est de lutter contre la réputation de toutes les autres cryptos. Leur spécialité : attaquer sur les réseaux sociaux et critiquer de façon non argumentée et caricaturale. *À croire que ce sont mes haters de Tiktok.* Et c'est assez cool de le savoir, car quand tu vois des critiques en masse, ben il se peut que ça soit aussi juste une stratégie des maximalistes !

MAIS AU FAIT, POURQUOI ILS EXISTENT SI LE BITCOIN EST SI SOLIDE ?

Je vois bien que toi aussi tu te poses la question. Si le bitcoin est si solide, ils s'inquiètent de quoi les maximalistes ? Parce que perso quand je commence à avoir envie d'attaquer la concurrence, c'est parce que je ne me sens pas très sûre de moi.

Je dis ça, je dis rien.

Mais il faut se rappeler que le monde crypto en est à son commencement. Même si tout le monde essaie de te faire croire que si tu n'étais pas là en 2017, t'as raté le train. Et ça veut dire que les dés ne sont pas jetés. Tout peut encore se retourner. Rappelle-toi quand tu croyais que MySpace avait plié le *game*... Il y a eu Facebook. Et depuis Facebook, il y a eu Instagram, Snapchat et Tiktok. Bref tu vois le délire. Les premiers, même s'ils bénéficient de conditions très particulières, peuvent aussi se faire détrôner.

Je ne dis pas que les chances sont grandes. Mais je dis que c'est possible. Et que c'est ce qui explique que les maximalistes existent. Ça... Et les quelques défauts du bitcoin...

Oui ça me fait mal de le dire, mais la sainte des saintes monnaie a des défauts.

Comme moi.

- **Une validation méga longue**

Je vais faire hyper simple, mais le bitcoin a fait des choix pour maintenir le plus haut niveau de décentralisation possible *(ils ont limité la taille des blocs d'écriture de transaction de sa blockchain)*. Et ce choix, il n'est pas méga adapté au fait que TOUT le monde l'utilise. Ça fait des files d'attente comme à La Poste pour valider une transaction et en plus d'être long, ça fait augmenter les frais de transaction.

- **Pseudonyme n'est pas anonyme**

Le registre des transactions bitcoin n'est pas anonyme. Entre les KYC que tu dois rentrer partout et les boîtes spécialisées dans l'analyse des transactions sur la blockchain (comme Chainalysis), l'anonymat c'est à peu près le même que Superman qui remet ses lunettes pour que personne ne reconnaisse Clark Kent.

Ça veut dire quoi concrètement ? Que le bitcoin se dit libre de tout droit étatique. Mais si, en Europe, ils interdisent, un jour, la détention du bitcoin, à un moment peut-être, ils pourraient savoir qui en a.

COEXISTENCE DES CRYPTOS

Ce que je retiens surtout, moi, c'est qu'être un troll ce n'est jamais la solution. Mais je m'excuse auprès des maximalistes qui ne trollent pas sur les réseaux. Évidemment, comme dans tout courant de pensée, il y a des degrés, d'ailleurs Vitalik Buterin, le fondateur d'Ethereum les défend carrément en ce moment :

« Le maximalisme n'existe pas seulement pour le plaisir du bitcoin ; c'est plutôt une prise de conscience très réelle que la plupart des autres crypto-actifs sont des arnaques, et une culture d'intolérance est inévitable et nécessaire pour protéger les débutants. »

L'ORIGINE DU WEB 3.0

Plein de gens parlent du Web 3.0 sans vraiment savoir ce que c'est. Alors moi, je vais t'expliquer tout ça, pour que tu puisses l'expliquer à ta mamie ! Prépare-toi, car on va revenir à l'origine du monde (enfin d'Internet quoi).

6

LE WEB 1.0 : LA LECTURE

Mais si, rappelle-toi, tu te connectais sur Yahoo et il y avait des pubs sur la page. À cette époque, on parlait de consommation d'information car pour proposer de l'info il fallait savoir coder et pas qu'un peu. C'est à cette époque que mon tonton, qui est développeur, m'expliquait qu'ils étaient les rois d'Internet. Oui, pour construire le moindre site il fallait avoir un bac+12 en code alors qu'il n'existait aucune formation pour apprendre (et il n'y avait pas YouTube).

Techniquement, c'était la liberté totale car tout le monde pouvait s'exprimer, sauf que la méga barrière à l'entrée c'était quand même de savoir coder. Donc en fait, presque personne ne pouvait s'exprimer.

LE WEB 2.0 : LA LECTURE ET L'ÉCRITURE

C'est maintenant. C'est l'Internet des réseaux sociaux. On est plus ou moins tous producteurs de contenu, car c'est hyper facile d'en proposer grâce à Facebook, Tiktok, Insta, Twitter, etc.

Techniquement là c'est la vraie liberté, car pas besoin de savoir coder pour écrire. Sauf que rien ne t'appartient puisque tout est centralisé auprès de ces plateformes. Je m'en suis rendu compte le jour où on a supprimé pour la première fois mon compte Tiktok. Ou que Substack (l'outil qui me permet d'écrire ma newsletter) a planté… *(Oui c'est déjà arrivé, et non je n'en ai pas dormi de la nuit).*

Comme tes comptes sur les réseaux sociaux ne t'appartiennent pas, ça veut dire que tous les pouvoirs économiques dans le web actuel sont centralisés. En voulant être libre, plus rien ne nous appartient.

Le Web 2.0 c'est la montée des interactions des internautes via les réseaux sociaux et les sites e-commerce et par conséquent la montée en puissance de ces plateformes, c'est aussi la perte de contrôle des internautes sur leurs données et sur ce qu'ils produisent.

LE WEB 3.0 : LA LECTURE, L'ÉCRITURE ET LA PROPRIÉTÉ

« Web 3.0 » c'est pour dire la troisième génération d'Internet, jusque-là on s'en serait douté. En fait, c'est une nouvelle ère d'Internet qui serait possédé par ses créateurs, ses utilisateurs et organisé grâce aux tokens. On sort donc du modèle de centralisation.

En gros, l'idée c'est que toutes les données et tous les contenus soient enregistrés sur des blockchains et tokenisés. Déjà, avec les NFTs, par exemple, on devient un peu acteur et propriétaire du Web. Ensuite, on pourra imaginer la création de nouvelles communautés basées sur des propriétés virtuelles dans lesquelles des décisions pourraient être prises en commun.

Exemple : tu utilises un équivalent de LinkedIn et plus tu l'utilises, plus tu as une communauté importante, plus tu obtiens de tokens qui te donnent un droit de décision sur l'évolution de la plateforme.

Les plateformes et les applications ne seront pas détenues par un acteur central, mais par ses utilisateurs qui gagnent leur part de propriété en contribuant au développement et à la maintenance de ces services. C'est ce que dit Gavin Wood, le principal promoteur du concept.

Ce nouveau modèle introduit deux notions majeures : celle de propriété et celle de financiarisation. Tout comme le système crypto s'attaque au système financier centralisé, le Web 3.0, c'est juste une façon d'utiliser les cryptos et la blockchain pour s'attaquer au modèle centralisé d'Internet. C'est réunir le meilleur des précédents modèles : un environnement où tout le monde peut s'exprimer, mais on fait en sorte que chacun soit propriétaire de ce qu'il crée ou de ce à quoi il participe.

L'ÉVOLUTION VERS LE WEB 3.0 EST-ELLE CRÉDIBLE ?

Premièrement, ce n'est pas neuf comme idée. Tu te rappelles eMule, il y a quelques années ? C'était un genre de grande plateforme de partage de fichiers vidéo entre pairs. L'idée était super, mais ça a disparu à cause de tous les piratages. Donc il y a déjà un méga sujet de sécurité.

Ensuite, la décentralisation du Web c'est trop cool mais il faut quand même se rappeler que la grande majorité des données sont hébergées sur les serveurs centraux d'Amazon Web Services... Du coup, sans trouver une alternative à ça, le plan tombe un peu à l'eau.

Et enfin la question c'est : est-ce que la crypto est une révolution crédible face à ces monopoles ? J'ai envie de dire « oui », toujours sur la base du rapport de Ryan Selkis. Dans le camp de la crypto, on a pour nous :

- Des gens qui bossent par passion pour contribuer d'eux-mêmes à ce nouveau monde, tous les soirs et week-ends.
- Des levées de fonds énormes pour lancer des projets.
- Des modèles économiques de plus en plus viables sur le Web 3.0.
- Chaque phase de *bear market* (marché baissier en crypto) qui est utilisée pour optimiser l'existant afin de faciliter l'entrée dans l'univers crypto au plus grand nombre.
- Des rendements de la DeFi incomparables qui attirent l'intérêt du plus grand nombre.

splash

LA DÉCENTRA-LISATION

La décentralisation c'est LA valeur centrale et fondamentale de tout l'écosystème crypto. Mais si c'est le truc important dans un projet crypto, comment on la mesure en vrai ? Et surtout est-ce qu'il y a que des avantages à cette décentralisation ?

7

Depuis l'Antiquité, les monnaies et les systèmes financiers ont été souvent associés à des pouvoirs politiques et économiques. La décentralisation c'est un moyen de créer des systèmes financiers plus indépendants et moins tributaires de l'action de gouvernements et de grandes entreprises.

Cette décentralisation est devenue plus facile à mettre en œuvre grâce aux progrès de la technologie de l'information et de la communication.

Par exemple, l'informatique en nuage et les réseaux *peer-to-peer* ont permis de développer des systèmes distribués qui ne nécessitent pas de serveurs centraux pour fonctionner.

Elle peut aussi être perçue comme une alternative à certains systèmes centralisés qui ont montré leurs limites ou leurs échecs.

Par exemple, la crise financière de 2008 a mis en lumière les risques liés à la concentration de la richesse et de la puissance financière entre les mains de quelques grandes banques.

LA DÉCENTRALISATION C'EST QUOI CONCRÈTEMENT ?

Le système centralisé, c'est le modèle classique de nos sociétés. Si jamais notre gouvernement décide de faire passer une réforme sur les retraites (au hasard), eh bien, il a le pouvoir de le faire. Si on n'est pas content on peut manifester, et c'est tout.

Manifester, c'est essayer de reprendre un pouvoir qu'on ne possède pas, en faisant du bruit ou en trouvant des moyens de se rendre très embêtant. Mais au fond ce pouvoir est une illusion, comme un petit chien qui aboie fort face à un plus gros chien.

Si notre système était décentralisé, une réforme passerait par un vote auprès de tous les citoyens. Sans consensus ou majorité, il ne se passerait rien. Ça a ses avantages et ses inconvénients.

Mais même avec un vote, si c'était l'État qui avait la charge de comptabiliser les voix… Ben il aurait le pouvoir de modifier les résultats… Tu as déjà entendu parler d'élections truquées ? Voilà. Ça serait décentralisé s'il y avait un vote ET que les décomptes des voix étaient faits de façon transparente, à la vue de tous et sans pouvoir être modifiés en *scred* par quiconque.

Google qui détient tes données, c'est centralisé.

Crédit Agricole qui détient l'historique de tes virements, c'est centralisé.

En gros, la décentralisation signifie que les données et les processus ne sont pas contrôlés par une seule entité, mais plutôt par un groupe d'individus. Normalement c'est censé permettre de créer des systèmes qui sont plus résistants aux erreurs, aux pannes et aux manipulations. Car il n'y a pas de point unique de défaillance.

Ça veut dire que même dans l'environnement crypto il y a des boîtes et des organisations qui sont centralisées ? Bizarre non.

En fait, le niveau de décentralisation se mesure, car si c'est la base de l'écosystème, tous les projets, protocoles et boîtes ne sont pas égaux face à elle. Il y a des projets qui vont se faire passer par plus décentralisés qu'ils ne le sont pour bénéficier de l'aura de la sécurité de la décentralisation.

Eh oui, car la meilleure façon pour un loup d'entrer dans une bergerie, c'est de se faire passer pour un mouton.

COMMENT ÇA SE MESURE DU COUP ?

Tu l'as compris, plus un système est décentralisé selon différents critères, plus il est considéré comme robuste et sécurisé. Si tu veux mesurer la décentralisation d'un système blockchain, tu peux te concentrer sur **3 éléments** :

1. LA DISTRIBUTION GÉOGRAPHIQUE DES NŒUDS

Les nœuds, ce sont les ordinateurs qui exécutent le logiciel de la blockchain. S'ils sont dispersés aléatoirement sur le globe ou tous au 12 rue Legendre, ce n'est pas pareil. Ça permet de réduire les risques de censure ou de manipulation par un gouvernement ou une organisation.

2. LA PUISSANCE DE CALCUL POUR VALIDER LES TRANSACTIONS

Les opérations qui sont enregistrées sur la blockchain sont validées par les ordinateurs qui participent à la sécurisation du réseau : plus la puissance de calcul est forte, plus il y a de gens qui sécurisent le réseau. Moins il y a de risques que le système soit contrôlé par un petit nombre d'acteurs ayant une puissance de calcul importante.

3. LA DISTRIBUTION DE LA POSSESSION DES TOKENS

Les projets dans la blockchain ont tous une crypto associée, si 80 % du volume des tokens est en possession des développeurs du projet, attention ! Ce n'est plus centralisé du coup !

LES AVANTAGES DE LA DÉCENTRALISATION

Dans l'écosystème, la décentralisation est la valeur clé pour **4 raisons :**

1. LA SÉCURITÉ

Un système décentralisé est moins vulnérable aux attaques, car il n'y a pas de point central de contrôle. Donc les données et les processus ne peuvent pas être facilement corrompus ou manipulés.

2. L'INDÉPENDANCE

Un système décentralisé est moins dépendant de la volonté d'une seule personne. Cela peut être particulièrement utile dans les situations où il est difficile de faire confiance à une seule entité (par exemple, en cas de conflits d'intérêts).

3. L'ÉQUITÉ

La décentralisation peut contribuer à une répartition plus équitable des pouvoirs et des avantages au sein d'un système. Par exemple, dans une blockchain, tous les nœuds (ordinateurs exécutant le logiciel de la blockchain) ont le même poids et ont la possibilité de participer à la validation des transactions, quels que soient leur emplacement ou leur puissance de calcul.

4. LA TRANSPARENCE

Les blockchains sont des registres publics et immuables, donc toutes les transactions sont enregistrées de manière transparente et les données ne peuvent pas être facilement modifiées. Cela peut contribuer à une meilleure transparence et à un plus grand respect de la confiance dans les échanges et les transactions.

LES LIMITES DE LA DÉCENTRALISATION

Après, on ne va pas se mentir, il n'y a pas que des avantages et il vaut mieux les connaître aussi.

La complexité

Les systèmes décentralisés peuvent être plus complexes à mettre en place et à gérer que les systèmes centralisés.

Par exemple, il peut être difficile de prendre des décisions au sein d'un groupe de nœuds (ordinateurs exécutant le logiciel de la blockchain) étant donné la nécessité de trouver un consensus.

Le risque de divergence

Dans un système décentralisé, il peut y avoir des divergences d'opinions et de priorités entre les différents acteurs. Cela peut entraîner des conflits et des retards dans la prise de décision.

Les inégalités de participation

Bien que la décentralisation puisse contribuer à une répartition plus équitable des pouvoirs et des avantages, elle ne garantit pas que tous les acteurs auront la même capacité à participer au système. Par exemple, un nœud disposant d'une puissance de calcul importante aura plus de poids dans la validation des transactions qu'un nœud disposant d'une puissance de calcul moins importante.

Le risque de défaillance

Bien que la décentralisation puisse réduire le risque de défaillance globale du système, elle ne l'élimine pas complètement. Il peut y avoir des risques liés à des erreurs humaines, à des problèmes techniques ou à des attaques ciblées contre certains nœuds.

LE CAS DE TORNADO CASH & DE L'ANONYMAT

J'ai décidé de te raconter ce truc incroyable qui se passe aux États-Unis en ce moment :

- **parce que je flaire le fan de *Game Of Thrones* en toi.**
- **et aussi parce que je trouve que c'est la façon la plus ludique de comprendre les enjeux autour de la réglementation des services cryptos.**

8

Tornado Cash est une boîte crypto, hyper utilisée qui vient d'être interdite aux États-Unis. Bon, je vais le dire franco, elle est hyper utilisée principalement pour faire du blanchiment d'argent en crypto. L'État américain considère qu'il y a eu pour 7 milliards de dollars blanchis sur la plateforme. Parce que Tornado Cash c'est une application qui permet de cacher tes cryptos.

Le très gros débat autour de ça c'est : d'un côté les cryptos lovers qui disent que c'est une attaque contre leur vie privée, face aux sceptiques qui trouvent qu'il était temps. Tu vas très vite comprendre pourquoi.

Tornado Cash c'est un site web (et un *smart contract*) qui se décrit comme un outil de protection de la vie privée. En crypto, si on connaît l'adresse de ton portefeuille, on peut voir absolument tout ce que tu possèdes. C'est le principe de la blockchain, ce livre de comptes qui enregistre toutes les transactions en crypto et qui est accessible à tous. Bon ben ça veut aussi dire que si tu as les bonnes clés de lecture (à savoir l'adresse crypto de quelqu'un) ben tu sais tout.

COMMENT MARCHE TORNADO CASH ?

Bon, admettons que ça t'enquiquine que n'importe qui puisse savoir ce que tu as sur ton portefeuille. Eh bien, tu peux cacher tes cryptos. Et pour ça, tu vas envoyer tes cryptos sur Tornado Cash et, lui, il les mélange avec d'autres cryptos pour les rendre intraçables. Ça s'appelle un crypto mixer.

C'est un peu comme si ta banque mélangeait dans ses documents l'argent des comptes de tous ses clients de sorte que si quelqu'un regarde dans ses livres de comptes, personne ne puisse savoir à qui est quoi.

Tu comprends comme c'est un outil hyper intéressant si tu as volé des cryptos et que t'as pas du tout envie qu'on te retrouve. Et c'est pourquoi ces derniers temps, le nom de Tornado Cash ressort à chaque fois qu'un gros piratage donne lieu à un vol.

INTERDICTION AUX ÉTATS-UNIS

Le Trésor américain vient donc de mettre Tornado Cash sur une liste noire. On l'appelle la liste SDN. Et crois-moi, personne n'a envie de se retrouver sur cette liste.

L'app GitHub, qui hébergeait le code de Tornado, l'a retiré. Puis l'Agence néerlandaise de lutte contre la criminalité a arrêté l'un des développeurs présumés de l'app pour 3 mois. Ensuite, l'émetteur de la crypto USDC (un stablecoin très connu) a gelé les USDC des portefeuilles de tous les gens sur la liste. Pour l'instant, l'émetteur de l'USDT (l'autre stablecoin très connu) ne l'a pas fait.

PETITE DÉFINITION

Les stablecoins sont un type de crypto dont l'objectif est de suivre le cours d'un actif comme une monnaie normale type dollar ou euro.

Donc, du jour au lendemain, si tu avais envoyé ou reçu de l'argent via ce site, aux États-Unis, tu es devenu un criminel risquant jusqu'à 30 ans de prison.

Je précise : toutes les personnes qui ont interagi avec le site sont considérées comme criminelles.

Ok c'est utile.

On va arrêter des tonnes de voleurs.

Sauf que...

Selon Chainalysis (c'est une boîte que j'adore car son job c'est d'analyser les choses qui se font sur la blockchain pour faire des rapports que les humains peuvent à peu près comprendre), il y a 27 % des fonds de Tornado qui sont issus de vols. Je sais, c'est incroyablement énorme, et ça représente 7 milliards de dollars. Rappelle-toi, c'est l'outil le plus utilisé dans le monde pour les blanchiments d'argent crypto. Tu vois la faille j'imagine ?

Ça laisse 73 % d'innocents.

SONT-ILS INNOCENTS ?

La question que tu te poses en bon détective c'est : pourquoi des gens normaux iraient utiliser ce site ? « Tous en taule ! » *Wow du calme.*

Le vrai sujet derrière tout ça c'est pourquoi aurions-nous besoin de confidentialité ? C'est une question de valeur profonde. En fait, les autres utilisateurs sont juste des gens qui ont envie de garder de la confidentialité. Ben oui, imagine un avenir ou les cryptos et la blockchain se démocratisent. Tu pourras tout payer avec des cryptos, sans passer par la banque, et tout sera donc enregistré sur la blockchain. Accessible à tous. Tu me suis toujours ? T'as envie que tout Internet qui trouve ton adresse crypto sache que t'as loué 50 fois *La Reine des neiges* ? Que t'as acheté une fan fiction de *Twilight* ? Ou que t'envoies de l'argent à ton ex en douce ?...

Les exemples sont nombreux, et je pense qu'on est tous d'accord : non tu ne veux pas.

LE GROS DÉBAT

Ce débat a donc lieu entre sécurité et confidentialité. Là, on est un peu mal finalement.

Car d'un côté, oui on trouve ça cool d'arrêter les méchants voleurs de crypto car la crypto c'est encore le *far west* et on ne peut pas espérer que ça se démocratise plus si on ne prend pas les problèmes d'escroquerie au sérieux. Et Tornado Cash fait partie de ce problème. On a besoin de pouvoir faire appel à l'État pour enquêter sur les crimes. Ma pote Joséphine s'est fait cambrioler ce week-end, ben elle était méga heureuse de voir débarquer la police scientifique chez elle !

Mais de l'autre côté, on comprend aussi que des gens utilisent Tornado Cash pour garder leur vie privée et que ce ne sont pas des criminels pour autant. Même Vitalik Buterin, le fondateur de la seconde plus grosse crypto au monde (l'ether), dit qu'il l'a utilisé occasionnellement.

LES SOLUTIONS POSSIBLES

- **La *full* sécurité : bon ben là, le gouvernement peut surveiller tout ce qu'on fait. Et du coup, plus de crimes c'est sûr.**
- **La *full* confidentialité : le gouvernement n'aurait aucun moyen d'enquêter sur les crimes.**
- **La solution du milieu : dans nos sociétés actuelles, c'est un genre d'équilibre qui existe. L'État n'a pas accès à tes comptes mais, en cas de crime, il travaille de concert avec ta banque, ton opérateur mobile, etc. pour retracer les éléments (tu as dû voir des épisodes de NCIS, ben pareil j'imagine).**

Sauf que dans le cas de Tornado, tu te rappelles ce qu'on a dit ? C'est un *smart contract* qui organise tout le bordel, donc pas moyen de le modifier. Alors quand on dit que l'argent est indémêlable, ben ce n'est pas une blague. L'app fait trop bien son travail et donc on ne peut absolument pas différencier les voleurs des autres. Rien ne peut retracer les fonds envoyés sur le mixeur. Alors c'était sûr qu'elle finirait par être interdite...

BTC Price Live Data

INVESTIR DANS CE NOUVEAU MONDE

ON PASSE À LA PRATIQUE

CHOISIR SON OBJECTIF D'INVESTIS-SEMENT

Hier, ma copine Maud me disait : « J'ai 3k€ investis en crypto. Je suis dans le vert, et du coup je ne sais pas quoi faire de cette information. » Alors je me dis que si ça se trouve vous êtes assez nombreux à ne pas avoir d'objectif défini avec vos investissements cryptos... Or, c'est crucial pour gagner de l'argent !

Tu crois que si tu n'avais pas l'objectif de courir un marathon, tu pourrais courir 42 km comme ça, sans l'avoir fait exprès ? Non je ne crois pas ! Sauf que ce n'est pas si facile de définir un objectif d'investissement ! Je t'ai balisé le terrain pour qu'on puisse le faire ensemble.

1

DÉFINIS L'OBJECTIF QUE TU PENSES AVOIR

La question que je te pose là, c'est combien tu veux gagner grâce à tes investissements en crypto ? C'est quoi ton but finalement ? Tu attends quoi de tes investissements cryptos ? C'est quoi ton objectif ?

À ce stade, je prends le pari que tu n'as pas résisté à me répondre 1M€. Mais maintenant qu'on a bien rêvé ensemble, on va ouvrir la boîte de Pandore et vérifier si c'est un bon objectif pour toi.

COMBIEN TU VEUX INVESTIR DE CAPITAL PAR AN ?

Pour gagner de l'argent on est d'accord qu'il faut investir de l'argent. Ton capital c'est le montant d'argent que tu vas investir. On va compter par an pour simplifier. Pose-toi trois minutes pour calculer combien tu pourrais investir en crypto. Le mieux c'est de te dire que tu vas investir un pourcentage de tes revenus.

Ce pourcentage c'est toi qui dois le choisir en fonction de ta relation à l'argent, de tes dépenses et de ton contexte personnel pour cette année.

Exemple : disons que tu veux investir 5 % de tes revenus et que tu gagnes 50k€/an. Ça fait 2 500€ /an que tu veux investir dans les cryptos. Tu as alors un budget de 200€ par mois. En suivant cette idée, tu arrives à combien de capital dispo par an ?

COMBIEN ES-TU PRÊT À PERDRE ?

C'est LA question importante (en vrai, elles le sont toutes) mais je trouve que c'est celle où tu es le plus susceptible de te voiler la face. Ce capital que tu viens de définir, tu es prêt à le perdre ? Entièrement ou non ? Le but ici est d'identifier à quel point tu vas avoir le *seum* si tu perds la totalité des (disons) 2 500€. Car en fonction de ça, tu auras un objectif plus ou moins grand et un plan d'investissement en conséquence. Oui, c'est tout un processus ce truc.

Moi, par exemple, je suis un cas extrême, je suis prête à perdre 100 % de mon investissement. Dans ma tête, s'il est investi, il n'existe plus, donc je peux tout perdre sans verser une larme. Ce qui me permet aussi d'envisager un objectif assez ambitieux. *(Si je suis dans cette situation, c'est aussi car j'ai assez d'argent de côté pour ne pas être impactée dans ma vie si je perds tout).*

COMBIEN DE TEMPS PEUX-TU Y PASSER ?

Ce sujet-là, c'est le plus important (je vais dire la même chose pour tous, je l'avoue). Mais, pour faire simple, ton plan d'investissement sera plus ou moins élaboré selon que tu veux y passer 1 h par jour ou 1 h par mois. Tu ne pourras pas faire la même chose et donc ton objectif devra être ajusté en conséquence.

Exemple : imagine tu crois que tu peux y passer 1 h par jour. Donc tu mises des petits coups supplémentaires sur des cryptos hyper volatiles. Et un jour, tu pars en vacances et tu ne peux pas t'en occuper pendant 3 jours. Or tu n'avais pas prévu le truc, donc tu as peut-être perdu une grosse partie de ton capital.

Donc soyons lucides sur nos envies, *please*. Moi, par exemple, j'ai beau passer mes journées à parler crypto, je sais que je ne suis pas prête pour autant à passer plus de 2 à 4 h par mois pour mes investissements personnels. Donc forcément je suis obligée d'adapter mon plan à cela.

SUR COMBIEN DE TEMPS TE PROJETTES-TU ?

Et la dernière variable qu'il va falloir intégrer c'est ton horizon temporel. En gros, tu ne vas pas pouvoir espérer les mêmes choses sur 1 an que sur 10 ans. Logique. Moi, comme je suis une petite maligne, j'ai deux horizons de temps. J'ai mon objectif pour la fin du prochain *bull market* donc horizon quatre ans disons et un autre dans 10 ans.

Car en crypto tu ne peux pas faire l'impasse sur les cycles. Oui, tu saiiiiis ces fichus cycles de croissance : 1 an de croissance absolue (le *bull market*), un crash puis 3 ans de calme plat (le *bear market*).

COMBIEN TU VEUX INVESTIR
DE **CAPITAL** PAR AN

COMBIEN ES-TU PRÊT
À **PERDRE** ?

COMBIEN DE **TEMPS**
PEUX-TU Y PASSER ?

SUR COMBIEN DE TEMPS
TE **PROJETTES**-TU ?

RETOUR À TON OBJECTIF

Maintenant que tu t'es posé toutes ces questions, je veux que tu les gardes précieusement en tête.

Option 1 : tes résultats sont hyper cohérents et du coup tu vas pouvoir faire un plan d'investissement pour atteindre ton objectif.

Option 2 : tu as répondu que tu voulais générer 1M€, en y passant 1 h par an, en investissant 1k€ et en étant prêt à perdre 0 % de ton capital. Là, il faut revoir à la baisse ton objectif.

Mais le but réel de tout ça, c'est que tu te valides un objectif un peu cohérent avec qui tu es comme investisseur, car la prochaine étape est la plus importante : comment faire un plan d'investissement qui corresponde à tes résultats et te permette de te rapprocher de ton objectif ?

MONTER SON PLAN D'ATTAQUE

Investir en crypto, sans plan d'investissement, c'est comme courir pour la première fois de sa vie le jour d'un marathon et espérer le remporter (ou même le finir). Alors d'après tes réponses sur ton objectif d'investissement, je t'ai imaginé une première proposition de plan d'investissement.

Parce que devine quoi ? Suivre le plan d'investissement de quelqu'un d'autre, même s'il a l'air de mieux s'y connaître que toi, ben c'est vraiment une idée nulle.

Donc apprends à en faire un qui est pertinent pour toi.

TON RAPPORT À L'INVESTISSEMENT CRYPTO

Voici mon analyse d'après des résultats obtenus auprès de ma communauté :

Gains : vous êtes 60 % à vouloir gagner entre 10k et 100k€ en crypto. Le reste espère atteindre les 500k à 1M€.

Capital : 85 % d'entre vous compte investir entre 1k et 5K€ par an. Les autres entre 10 et 50k€.

Risque : vous êtes 60 % d'accord de perdre entre 80 et 100 % de votre capital. Le reste est prêt à perdre entre 50 et 20 %.

Temps : 70 % d'entre vous est ok d'y passer entre 1 et 4 h par mois. 30 % est partant pour 30 h par mois et le reste n'a pas le *time*.

Durée : 50 % attend la prochaine phase de croissance. 40 % voit à 10 ans et 10 % pense à un an ce qui n'est pas le plus malin (vu la période).

Attention, ce n'est pas un conseil en investissement, j'ai juste simplifié le chemin vers ton propre plan. Pour cette première proposition, je suis partie des réponses que vous étiez les plus nombreux à partager.

LE BRIEF

L'objectif est de préparer le prochain *bull run* (la prochaine phase de croissance). Cela signifie qu'on va investir dans les cryptos pendant toute la période où elles sont relativement basses. On va arrêter d'investir quand elles vont remonter puis commencer à revendre des cryptos (contre des €) pendant la période de croissance pour « faire des bénéfices ».

- **tu veux investir 5k€/an = 416€ par mois de disponible ;**
- **soit 6 240€ en 15 mois.**

Donc, l'idée serait d'investir de maintenant jusqu'à mai 2024 soit pendant 15 mois. Ensuite, on arrête tous les investissements et on passe à la phase 2 : les bénéfices.

100 % DE MON CAPITAL EN CRYPTO DE CATÉGORIE A

C'est ma première proposition de plan d'investissement, c'est le plus simple à faire et à suivre quand tu débutes. Et tu peux même le complexifier un peu quand tu es à l'aise. Je considère que les cryptos de catégorie A sont le bitcoin et l'ether car ce sont les cryptos les plus solides. Selon moi, si ces deux-là tombent, toutes les autres cryptos sont mortes aussi.

LE PLAN D'ENTRÉE

C'est la période de marché où tout ce que tu as à faire c'est « accumuler ». Donc investir selon le modèle que tu as choisi dans ton plan. C'est la première phase, celle qui coûte le moins d'énergie. Je pense que le mieux est de répartir à 50/50 son capital entre le bitcoin et l'ether.

Concernant la méthode d'accumulation tu as **2 choix :**

1. Tout d'un coup

Tu as déjà 6 240€ de côté et tu ne penses pas que les cryptos descendront plus. Donc tu investis tout maintenant. Ton coût d'achat sera a priori moins élevé (21k pour le bitcoin et 1,5k pour l'ether).

Mais tu prends le risque que les cryptos chutent davantage et que tu n'aies pas acheté au meilleur moment ; ou que le marché se soit totalement transformé d'ici la prochaine croissance et tu ne pourras pas adapter le plan en cours.

2. Tous les mois

Tu es plus prudent : tu investis un peu tous les mois. Tu paieras un peu plus cher, mais tu pourras t'adapter si le marché change.

C'est le modèle du DCA (*Dollar Cost Average*), soit investir tous les mois à la même date le même montant. Ça nous permet d'étaler le prix d'achat sur l'année pour avoir un prix moyen.

Ce qui fait que, selon notre plan au bout de 15 mois, tu auras probablement payé ton bitcoin en prix moyen à 30k€ et 2k€ pour l'ether.

LES HYPOTHÈSES DE PRIX

En connaissant l'état de développement de ces deux cryptos, je pense qu'on peut partir de l'hypothèse qu'elles vont faire ce qu'elles ont toujours fait lors de la prochaine phase de croissance : remonter jusqu'à leur dernier prix le plus haut (qu'on appelle *All Time High* – ATH) et dépasser ce prix.

Mais cela ne se fera probablement pas dans les mêmes proportions que les dernières fois, car plus une crypto est solide et développée, moins sa croissance est grande en proportion. On va essayer d'imaginer les chances que les cryptos atteignent ces prix et donc les pourcentages de chances qu'elles chutent avant de les atteindre. Cela nous permettra de décider à quel prix on va revendre les cryptos qu'on a achetées.

Je pense qu'il y a 80 % de chances que les cryptos atteignent leur ancien ATH.

- # **ATH = 80 % de chances, soit 20 % de chances qu'elles chutent avant.**
- # **ATH x2 (qu'elles doublent leur ATH) = 60 % de chances.**
- # **ATH x3 = 40 % de chances, soit 60 % de chances qu'elles chutent avant.**
- # **ATH x4 = 30% de chances, soit 70% de chances qu'elles chutent avant.**

C'est pour cela que, quand tu es à l'aise, tu peux y intégrer des cryptos moins matures qui ont de plus gros potentiels de croissance en proportion.

LE PLAN DE SORTIE

Tout ça nous amène à mai 2024. Voilà 15 mois que tu as investi tous les mois 416€, à moitié dans le bitcoin et à moitié dans l'ether.

- # **tu as donc 3 120€ de bitcoin payé en moyenne à 30k€ le bitcoin.**
- # **et 3 120€ d'ether payé en moyenne 2k€ l'ether.**

C'est maintenant qu'il faut suivre le plan de sortie pour vraiment gagner de l'argent. Dans tous les cas, tu dois arrêter tes investissements puis attendre un certain prix pour revendre. Le tout est de trouver le bon rapport risques/gains, celui que tu es prêt à prendre.

1. Tu attends l'ATH

Ça signifie que tu attends que tes cryptos atteignent leur ancien prix le plus haut, soit que le bitcoin atteigne 69 000€ et l'ether 4 800€, et tu revends.

Ton investissement sur bitcoin est alors monté à hauteur de 7 176€ et celui sur ether à 7 488€. Tes 6 240€ sont devenus 14 664€ à ATH des deux cryptos.

En gros, on est sur un rendement à x2,3 et on avait pris l'hypothèse des 80 % de chances de succès. Donc des 20 % de chances que les cryptos se crashent avant la revente.

2. Tu attends ATH x2

Tu retires ton argent quand le bitcoin atteint 138k€ et l'ether 9 600€. Tu prends un risque qu'on a imaginé à 40 % de tout perdre pour atteindre ce palier.

Tes 6 240€ sont devenus 29 328€, soit un rendement à x4,7.

3. Tu attends ATH x3

Tu retires ton argent quand le bitcoin atteint 207k€ et l'ether 14,4k€, tu prends un risque de 60 % de tout perdre pour atteindre ce palier.

Tes 6 240€ sont devenus 43 992€, soit un rendement à x7.

4. Tu attends ATH x4

Tu retires ton argent quand le bitcoin atteint 276k€ et l'ether 38,5k€, tu prends un risque de 70 % de tout perdre pour atteindre ce palier.

Tes 6 240€ sont devenus 58 656€, soit un rendement à x9,4.

MON AVIS

C'est un choix qui ne nécessite pas de passer plus de 1 à 4 h par mois et qui repose sur les cryptos les moins risquées du marché. Donc, même si c'est un plan d'investissement peu diversifié, c'est compensé par le fait que ces deux cryptos portent tout l'écosystème donc, a priori, si elles tombent pour de vrai, les autres seront de toute façon tombées aussi.

En revanche, tu dois intégrer une grosse variable de risque sur la partie croissance car tu vas mesurer les ATH et, même si jusqu'à présent c'est toujours arrivé, tu augmentes les chances que la crypto chute avant de l'atteindre et tu n'en tireras aucun bénéfice si elle ne l'atteint pas.

Tu peux donc décider de faire des combos de plusieurs variables pour trouver le plan le plus juste pour toi !

INVESTIR PENDANT LE *BEAR MARKET*

Maintenant, on va parler méthode d'investissement. À ne pas confondre avec du conseil en investissement. Il faut d'abord que tu saches que tous les investissements comportent un risque de perte en capital. Moi, je ne vais te parler que de cryptos mais il est important de diversifier ses investissements. J'essaie de vous rappeler régulièrement les trucs de sécurité car même si c'est embêtant, c'est important !

2

Donc, première chose à savoir : on est en plein *bear market.* Il est loin le temps où on voyait naître chaque semaine un nouveau crypto millionnaire qui a fait fortune en misant 50€ sur une crypto inconnue trois semaines auparavant. Pourtant est-ce que les cryptos sont finies ? Non !

Le prix des cryptos est bas, mais leur adhésion est incroyable. Pour te faire un comparatif, on est au niveau d'adhésion d'Internet en 1997 mais on a une croissance trois fois plus rapide.

Mais les prix des cryptos sont bas. Oui, je sais.

Mais rappelle-toi cette histoire de cycle, on en a parlé plein de fois (en gros hein) :

- *bull market* : 1 an de croissance exponentielle d'à peu près toutes les cryptos.
- *bear market :* 3 ans de calme plat.

En ce moment, c'est le calme plat et c'est parfait car si pendant la croissance tu peux gagner beaucoup d'argent, en réalité tu peux le faire surtout si tu es armé.

1. Tu comprends parfaitement les cryptos.
2. Tu sais identifier sans risque les cryptos à potentiel.
3. Tu as un plan d'investissement spécialisé dans la phase de croissance.

Il y a un moyen de capitaliser sur le b*ear market* pour être prêt pour la reprise de croissance. C'est le DCA. Le DCA c'est quand tu vas lisser ton coût d'achat d'une crypto en investissant tous les mois (ou toutes les semaines) le même montant. À la fin de l'année, tu auras acheté ta crypto à un prix moyen. Cette méthode d'investissement est considérée comme l'une des meilleures. Je vais t'expliquer pourquoi elle est particulièrement adaptée à la période.

Prenons en exemple la dernière période de *bear market* suivi de *bull market*. Je prends des pincettes car le passé ne présage pas du futur. Imaginons, on est en février 2018, le bitcoin est monté à 16k$ puis s'est écroulé à 8k$. Toutes les cryptos se sont effondrées. On rentre en *bear market*. C'est le moment idéal pour mettre en place un DCA.

tu vas choisir le bitcoin ;

tu décides de mettre 150€ par mois.

Année 1 : 2018

Chaque mois tu mets 150€ entre le 1er et le 5.

1 **Février : 1 btc = 8 852$**

2 **Mars : 11 532$**

3 **Avril : 6 919$**

4 **Mai : 9 933$**

5 **Juin : 7 625$**

6 **Juillet : 6 638$**

7 **Août : 7 031$**

8 **Septembre : 6 460$**

9 **Octobre : 6 553$**

10 **Novembre : 6 468$**

11 **Décembre : 3 754$**

Avec le recul, on se rend compte que c'est 1 an après le début de sa chute que le bitcoin a vraiment touché le fond la dernière fois. Dans l'année, tu as acheté du bitcoin à 11k$ mais aussi à 3k$. Mais en moyenne, tout ton bitcoin de l'année, tu l'as payé 7 433$.

Tu as investi 1 650€ en 11 mois.

Année 2 : 2019

Je te passe le tableau du prix du bitcoin tous les mois, mais cette année-là aussi, tu as tantôt acheté du bitcoin à 10k$ et tantôt à 3k$. En moyenne tu l'as payé 7 275$. Tu as investi 1 800€ en 12 mois.

Année 3 : 2020

Cette fois-ci, je te remets les chiffres car on est en dernière année de *bear market* et donc le bitcoin recommence à faire de la croissance, c'est intéressant à voir.

1. **Janvier : 1 btc = 7 410$**
2. **Février : 9 183$**
3. **Mars : 8 760$**
4. **Avril : 6 738$**
5. **Mai : 8 895$**
6. **Juin : 10 162$**
7. **Juillet : 9 349$**
8. **Août : 11 322$**
9. **Septembre : 10 230$**
10. **Octobre : 10 550$**
11. **Novembre : 14 833$**
12. **Décembre : 18 801$**

Depuis septembre, chaque mois le bitcoin connaît une augmentation significative de son prix. Ça nous met la puce à l'oreille sur la fin de l'hiver des cryptos. Et surtout, en décembre 2020, on voit que le bitcoin a dépassé son prix le plus haut (ça s'appelle l'ATH) du dernier *bull market* (à 16k$).

Cette année-là, tu as payé ton bitcoin à 6k$ mais aussi à 18k$, mais tu as payé ton bitcoin 10 519$ en moyenne.

Tu as investi 1 800€ en 12 mois.

Année 4 : l'heure du bilan

Ça fait trois ans que tu investis tous les mois dans le bitcoin. Tu as passé toute la période de *bear market*, c'est le moment de voir ce que tu vas pouvoir gagner en *bull market*. Tu auras payé ton bitcoin en moyenne 8 409$ sur ces trois ans, et tu auras investi 5 250€ en tout.

En 2021, tu as deux choix :

\# **soit tu décides que les *bear* et *bull markets* c'est un truc de trader et que toi, tu penses que tout ça c'est une goutte d'eau à l'échelle du bitcoin. Dans ce cas, ton DCA tu le poursuis comme si de rien n'était.**

\# **soit tu décides de changer de stratégie sur le bitcoin et tu n'achètes plus pendant la croissance.**

Admettons que tu fasses cela. À ce stade, ta stratégie sera plutôt de définir des paliers de sortie pour récupérer du cash que tu pourras réinvestir au prochain *bear market*.

Comment tu définis ces paliers ?

tu as acheté pour 5 250€ de bitcoin à 8k$ pendant 3 ans.

tu sais que le dernier ATH était à 16k$ tu peux imaginer qu'il fasse un x4 grâce à l'effet d'adoption, donc que le bitcoin monte jusqu'à 64k$.

Sauf qu'en vrai, on n'en sait rien. On n'est pas devin. Alors tu peux te prévoir des paliers de précaution.

Disons que tu t'es mis un palier à :

32 000$ (ATH x2) – tes 5k€ sont devenus 19 980€.

48 000$ (ATH x3) – tes 5k€ sont devenus 29 971€.

64 000$ (ATH x4) – tes 5k€ sont devenus 39 961€.

Ensuite, tu n'as plus qu'à déterminer combien tu sors à chaque palier.

MON AVIS

Moi je suis un profil à haut risque, c'est-à dire que j'accepte de tout perdre. Et en plus, je crois énormément en l'avenir du bitcoin. Donc je pense que je n'aurais rien touché jusqu'à x4. J'aurais sorti 30k et laissé 9 au cas où. Puis j'aurais utilisé ces 30k pour faire un DCA pendant le *bear market* suivant.

À noter qu'au moment où j'écris ces lignes, le bitcoin est à 19k$, donc même si ça nous semble très bas, ceux qui ont fait un DCA au dernier *bear market* ont toujours un x2 à l'heure actuelle.

INVESTIR POUR DEVENIR MILLIONNAIRE

Je me suis amusée à faire plein d'hypothèses pour savoir comment générer 1M€ grâce aux cryptos. Ne va pas penser que c'est un conseil en investissement, j'explique tous ces éléments à des fins pédagogiques et encore une fois, je me concentre sur les cryptos, mais il faut toujours diversifier ses investissements et ne jamais oublier qu'on peut tout perdre.

3

Un jour, j'ai fait une vidéo qui disait ceci : « Avec 300€ par mois investis pendant 31 ans à un rendement de 12 % par an, tu finis par générer 1 000 000€ ».

- **ce n'est pas une arnaque ;**
- **ce n'est pas magique ;**
- **ce sont les intérêts composés qui créent ça.**

Au bout de 31 ans, tu as investi presque 200 000€ mais l'argent généré par ton argent fait effet boule de neige.

C'EST QUOI LE RENDEMENT ?

C'est combien te rapporte ton investissement. Un rendement à 12 % par an, ça veut dire que l'argent que tu as placé te rapporte : ton argent + 12 %. Ces 12 % sont les intérêts que tu as gagnés.

Et si tu ne retires pas ces intérêts, ce sont eux qui créent les intérêts cumulés et qui font que ton investissement sur une longue période peut devenir exponentiel.

Voici les 5 hypothèses que j'ai trouvées pour générer 1M€ grâce aux cryptos.

HYPOTHÈSE 1 : 1M€ AVEC UNE MONNAIE STABLE ET UN RENDEMENT CONNU

On va reprendre l'exemple de ma vidéo. Faire un premier versement de 1k€ + 300€/mois et un intérêt à 12 % sur 31 ans. Soit un investissement total d'environ 200k€.

Pour cette hypothèse, il faut trouver un placement à 12 % de rendement annuel sur une plateforme la plus sécurisée possible.

- **j'en ai trouvé un à 12 % sur Nexo, ton argent n'est pas bloqué ;**
- **j'en ai trouvé un à 8 % sur Binance, ton argent n'est pas bloqué.**

Très concrètement, cela signifie que tu déposes ton argent tous les mois sur un compte (ici Nexo ou Binance) et qu'en échange tu as un intérêt. Dans ce cas, tu peux retirer ta crypto quand tu le souhaites.

Les deux placements se font avec de l'USDT, un stablecoin au top 10 des cryptos. Le principe d'un stablecoin c'est que 1 USDT = 1$, donc c'est parfait pour ne pas se poser la question de la volatilité des cryptos.

Je vois deux risques majeurs à ces placements :

- **que la monnaie perde sa corrélation avec le dollar, c'est très rare, mais c'est ce qui est arrivé avec le Terra/LUNA ;**
- **que le site fasse faillite. Cela me semble impossible avec ces deux plateformes, mais tout le monde pensait la même chose de Celsius. Et pourtant, elle a fait faillite, emportant l'argent de tous ses clients.**

En accéléré : si tu mets 600€/mois, il te faut 25 ans pour atteindre le million à 12 %.

HYPOTHÈSE 2 : 1M€ AVEC UNE MONNAIE INSTABLE ET UN RENDEMENT ÉLEVÉ

On reste sur un investissement initial de 1k€ puis 300€/mois, soit environ 200k€ au bout de 30 ans. J'ai remarqué que sur la majorité des gros DEX (ces sites pour acheter des cryptos) comme Binance (mais c'est le cas partout), tu peux trouver des rendements très élevés pour des cryptos volatiles. J'ai trouvé un rendement à 52,90 % si tu déposes ton AXS (une crypto, Axie Infinity pour son petit nom complet) qui est bloqué pendant 90 jours sur la plateforme.

si tu arrives à faire ça pendant 11 ans, tu as 1M€.

au bout de 15 ans, tu es à +5M€.

Mais, je vois deux risques majeurs à ce placement :

que le AXS perde de la valeur. Quand tu regardes son prix sur les 3 derniers mois, tu comprends à quel point c'est possible ;

ensuite, il faudrait pouvoir renouveler l'opération tous les 90 jours en espérant que l'offre existe encore.

HYPOTHÈSE 3 : 1M€ EN MISANT TOUT SUR LE BITCOIN

Pour générer 1M€, il faudrait investir 4k€ par mois en bitcoin pendant trois ans (quand le bitcoin est bas et en faisant un DCA) soit 144 000€.

Ensuite, il faudrait que lors de la prochaine phase de croissance, le bitcoin monte à son ATH x4 et qu'on revende à ce moment-là pour générer 1M€.

- **l'ATH c'est le *All Time High*, le prix le plus haut du bitcoin ;**
- **à chaque phase de croissance, le bitcoin à un nouvel ATH ;**
- **et à chaque phase de croissance suivante, il trouve un nouvel ATH à x3 ou x4 du précédent ;**
- **en 2017, c'était 16k$, en 2021 c'était 68k$.**

Les risques que je vois à cet investissement :

- **déjà, il faut avoir 4k€ par mois à investir juste dans le bitcoin ;**
- **il faut avoir la conviction absolue que le bitcoin fera de nouveau ATH x4.**

HYPOTHÈSE 4 : 1M€ EN MISANT SUR LES 9 PLUS GROSSES CRYPTOS

Les phases où les cryptos sont basses sont idéales pour faire ce genre de calculs. On imagine encore un horizon à trois ans. Pour cette hypothèse, j'ai fait un petit récapitulatif des neuf plus grosses cryptos *(j'ai exclu celles dans lesquelles je n'ai pas confiance)*. Je vais commencer par analyser leur prix le plus bas, le plus haut et leur prix actuel (au moment où j'écris) pour qu'on se rende compte du potentiel.

(Bas)

(ATH)

(aujourd'hui)

BTC :	17k$	68k$	20k$
ETH :	896$	4,8k$	1,5k$
BNB :	184$	669$	312$
DOGE :	0,04$	0,29$	0,11$
ADA :	0,33$	2,38$	0,40$
SOL :	26$	260$	32$
MATIC :	0,32$	2,92$	0,91$
DOT :	5,73$	55$	6,59$
SHIB :	0,000007$	0,00007$	0,00001$

Pour simplifier mes calculs, on va dire qu'on achète tout maintenant et pas en DCA, sinon je vais y passer la nuit. Dans cette hypothèse, on va investir immédiatement 1k€ dans chacune de ces cryptos et attendre la prochaine phase de croissance qu'on imagine d'ici trois ans pour revendre nos cryptos à chaque fois qu'elles auront atteint leur précédent ATH ( ).

- BTC : 1k€ devient 3,4k$
- ETH : 1k€ devient 3k€
- BNB : 1k€ devient 2,1k€
- DOGE : 1k€ devient 2,5k€
- ADA : 1k€ devient 5,8k€
- SOL : 1k€ devient 8,1k€
- MATIC : 1k€ devient 3,2k€
- DOT : 1k€ devient 8,3k€
- SHIB : 1k€ devient 7k€

Ça permet aussi de se rendre compte quelles cryptos sont les plus rentables, et je n'aurais pas imaginé que le Polkadot (DOT) soit potentiellement le plus lucratif. Au final, avec 9k$ investis en trois ans (environ) j'ai généré 43k€. On est très loin du million. Il faut que tu investisses 207k€ soit 23k€ par crypto pour atteindre 1M€ au moment où elles retrouvent leur prix le plus haut.

Si on va plus loin :

- # **si tu attends que les cryptos aient doublé leur ATH (ATH x2), il te faut investir la moitié soit 103k€ et donc 11,5k€ par crypto ;**
- # **si tu attends ATH x4, il te faut investir 51k€ et donc 5,7k€ par crypto pour atteindre le million.**

Cela signifie que, théoriquement, et si les cryptos montrent la même croissance qu'habituellement et atteignent ATH x4, avec 51k€ et trois ans, on peut générer 1M€.

HYPOTHÈSE 5, *LA PLUS RISQUÉE :* 1M€ EN MISANT SUR UNE SEULE CRYPTO RISQUÉE

Imaginons partir sur une seule crypto et, en plus, une assez risquée comme le Shiba (SHIB), avec la même hypothèse que l'investissement en bitcoin simple. Si on investit 4k€/mois pendant trois ans, soit 144k€, on a généré 1 M€ quand le Shiba retrouve son dernier ATH. Si on mise sur un ATH x4, il suffit de 36k€ pour atteindre le million.

Voilà, avec toutes ces hypothèses, tu devrais avoir une bonne idée de ce qui est possible comme stratégie.

LE STAKING ET LE LENDING

Il y a plein de façons de gagner de l'argent avec les cryptos. Celle à laquelle tu penses tout de suite, c'est quand tu achètes une crypto, que son prix augmente et que tu la revends. C'est la méthode classique, on est d'accord. Mais en ce moment ce n'est pas aussi facile que ça. À cause de l'hiver des cryptos.

4

S'ADAPTER AU CONTEXTE

Eh oui, depuis juin tout le monde est en panique avec les cryptos. D'ailleurs je peux constater quasiment une semaine sur deux un mur totalement rouge sur mon écran d'analyse du marché. Ça indique que les cryptos ont baissé depuis la semaine précédente.

Alors je te rassure tout de suite, a priori *(oui car je ne vois pas l'avenir)* les cryptos, ce n'est pas fini du tout. Le marché des cryptos suit toujours plus ou moins la même routine :

1. La production de bitcoin est divisée par deux *(tous les 4 ans)* : c'est le halving.
2. Du coup, le prix du bitcoin augmente mécaniquement.
3. Les *insiders* achètent en masse du bitcoin *(tant qu'il est encore bas)*.
4. Les médias commencent à reparler des cryptos.
5. Le cumul des deux enclenche une prise de valeur globale des cryptos.
6. Les *outsiders* commencent à s'y intéresser et investir.
7. Une accumulation d'événements extérieurs vient faire baisser le bitcoin :

- Les *insiders* qui vendent quand c'est haut pour gagner de l'argent.
- Les politiques gouvernementales, l'inflation, les hacks, etc.

8 **Les outsiders prennent peur et vendent** ***(souvent à perte).***

9 **Le cumul des deux enclenche un crash généralisé des cryptos.**

10 **Les médias annoncent la fin des cryptos, puis s'en désintéressent.**

11 **Et c'est l'hiver des cryptos qui dure.**

12 **Vient le halving du bitcoin.**

Donc oui, pour gagner de l'argent en crypto, il faut s'adapter au contexte. Mais la bonne nouvelle, c'est qu'on est dans le meilleur moment pour tout comprendre d'ici le prochain halving (autour de mars 2024).

Tout comprendre oui, mais faire un peu d'argent aussi, parce que si tu ne trouves pas un moyen de faire de l'argent pendant que tu dors, tu travailleras jusqu'à ta mort.

(*Ce n'est pas moi qui le dis, c'est Warren Buffett.*)

C'EST QUOI LE LENDING ?

En crypto on dit tout en anglais car c'est plus stylé. Mais lending veut littéralement dire « prêt » en français. Faire du lending, c'est quand tu déposes ton argent sur un site. Donc que tu le prêtes. En échange d'un intérêt. C'est vraiment l'équivalent de ton livret A, mais avec un plus gros rendement.

Dans une période où tu ne fais pas grand-chose de tes cryptos car la croissance n'est pas au rendez-vous, autant exploiter ce temps pour avoir un revenu passif !

C'EST QUOI LE STAKING ?

C'est à la fois pareil et en même temps très différent. Je sais, je sais. Tu vas aussi déposer ton argent et en échange tu auras un rendement. Sauf que cette fois, tu ne le fais pas pour prêter de l'argent, mais pour renforcer la sécurité d'une crypto.

Exemple : tu vois Ethereum qui vient de faire sa mise à jour ? Eh bien, elle est passée d'un modèle qui utilise le minage pour valider ses opérations à un modèle qui utilise le staking. Pour valider un transfert d'argent, on doit désigner, au hasard, un validateur qui enregistrera l'opération dans la blockchain et la rendra authentique.

Il joue un peu le rôle de la banque et pour maintenir la sécurité du système, il faut que le validateur soit sérieux. Alors pour pouvoir être choisi comme validateur (et donc être récompensé), il faut montrer patte blanche. Pour ça, tu dois mettre en gage tes cryptos du projet. Avec Ethereum, tu dois déposer 32 Ethers pour avoir le droit d'être validateur. C'est ça qu'on appelle faire du staking.

Tu peux faire du staking pour toutes les cryptos qui utilisent le modèle de validation qu'on appelle la Proof of Stake : preuve que tu mets en jeu tes cryptos. C'est un peu comme au poker où tu mets tes jetons sur la table pour avoir le droit de jouer.

Tu te dis que ça a l'air hyper compliqué, mais en réalité la plupart des sites prennent en charge toute la partie technique du truc et toi tu as juste à déposer tes cryptos.

ÉPARGNE FLEXIBLE OU VERROUILLÉE

Dans les deux cas, tu peux déposer ton argent en épargne flexible ou verrouillée. L'épargne flexible, c'est quand tu déposes ton argent mais que tu peux le retirer à tout moment alors qu'avec l'épargne verrouillée, tu es bloqué le nombre de jours indiqué. Par exemple, pour la crypto Axie Infinity tu passes de 20 % de rendement annuel en flexible à 76 % si jamais tu bloques ton argent 90 jours.

Sauf que si l'argent est verrouillé, il est vraiment bloqué. Donc si tu en as besoin pour un truc ou que la crypto s'écroule, c'est pareil. Il faut bien comprendre que le rendement récompense un risque que tu prends.

COMMENT TROUVER LE MEILLEUR RENDEMENT ?

Option 1 : tu ne veux pas t'embêter

Toi, ce qui t'intéresse, c'est que tes cryptos te rapportent mais tu ne vas pas te créer des comptes sur toutes les plateformes de la Terre. Dans ce cas, tu peux tout faire directement chez eux. Ou, sur le site que tu utilises déjà pour acheter tes cryptos (s'il est assez gros).

Option 2 : t'es un petit malin

Dans ce cas, tu peux aller chercher quels sont les meilleurs taux par cryptos et plateformes sur StakingCrypto.io.

LES RISQUES

Petit inconscient ! Ben oui j'ai un peu l'habitude de toi.

À partir du moment où tu mets ton argent sur un site, tu prends le risque de ne jamais le revoir.

C'est arrivé avec Celsius en juin, mais il n'y a pas que ça.

- # **Tu mises sur la mauvaise crypto**
  Certains rendements hyper gonflés peuvent te donner envie d'acheter une crypto, alors qu'en vrai elle ne vaut rien. Typiquement, les 999 % sur le CHRP, qui sont un peu louches…
- # **La période de verrouillage**
  Je n'ai pas besoin de t'expliquer pourquoi c'est un risque, si ? Tu te rappelles le cas du TerraLUNA UST ? La crypto valait 1$. Quand j'ai réussi à vendre les miens, c'était tombé à 0,7$. Mais si mon argent avait été bloqué sur un protocole de *lending* ben je n'aurais rien pu faire et il serait tombé à 0$. J'aurais tout perdu.
- # **Les risques de bug**
  C'est un risque qui est permanent en crypto, si le protocole sur lequel tu places tes cryptos comporte un bug, tu peux te faire pirater et tout perdre.

LE MINAGE, C'EST QUOI ?

Tu te rappelles qu'en crypto, on remplace la banque (qui valide les transactions) par :

un algorithme qui encrypte les transactions ;

un réseau de gens qui valide ces opérations.

5

Étape 1 : j'envoie 1 bitcoin à mon copain Jérémy *(oui parce qu'il râle que je ne le cite jamais).*

Étape 2 : l'opération doit être validée et enregistrée dans la blockchain pour être effective.

Étape 3 : l'opération est validée, Jérémy a bien reçu mon bitcoin et la transaction est bien enregistrée dans la blockchain.

C'est l'étape 2 qui nous intéresse : la méthode de validation de la transaction, qu'on appelle **méthode de consensus.** Cette méthode va en fait dépendre de la crypto et de sa blockchain. La plus connue, c'est celle utilisée par le bitcoin, qu'on appelle la Proof of Work (PoW).

La Proof of Work utilise le minage. Les mineurs, ceux qui valident l'opération, vont prêter leurs ordinateurs (en gros) pour résoudre un problème mathématique. Ils sont en concurrence : le premier à résoudre le problème est choisi pour valider l'opération et l'enregistrer dans la blockchain.

Et c'est important pourquoi ? Car cette méthode permet de définir de manière aléatoire qui va valider une opération et c'est le fondement de la sécurité du réseau. Celui qui la valide est motivé, car il touche une récompense. Mais bon, c'est quand même des gars qui vont utiliser de l'énergie tous en même temps pour essayer de valider un truc. Soit un modèle qui demande beaucoup de ressources.

Et donc il y a un autre modèle de validation dont j'ai envie de te parler. *Non. Ce n'est pas pour te torturer ! C'est pour que tu comprennes comment ça marche !*

LA PROOF OF STAKE BABY !

(La PoS, en français : la preuve d'enjeu.)

Il y a deux gars qui ont réfléchi. Ils se sont demandé comment on pouvait avoir le même résultat sans passer par le minage ? Car il faut trouver :

- **une méthode pour choisir quelqu'un de façon aléatoire pour valider l'opération ;**
- **que la personne soit motivée à être choisie ;**
- **que le truc soit super sécurisé ;**
- **en consommant moins.**

Alors ils se sont dit : on va demander à des volontaires de verrouiller (mettre en jeu – staker) leur token de la crypto. Ensuite, le protocole va attribuer le droit de valider une opération de manière aléatoire aux gens qui ont staké. On les appelle les validateurs.

Et plus tu as de tokens verrouillés, plus tu augmentes tes chances d'être choisi pour être validateur. Ils ont remplacé l'investissement matériel dans des ordis de oufs par l'investissement dans la crypto.

Là où c'est quand même bien sécurisé, c'est que la stake incite les participants à ce que le réseau soit sécurisé, car s'ils font une erreur dans la validation d'une transaction, ça entraîne la destruction de leurs jetons mis en jeu. Et toutes les personnes qui participent à la sécurité du réseau sont récompensées.

MAIS QUI UTILISE LA PoS ?

Cardano : c'est une blockchain hyper connue.

Tezos : c'est une blockchain qu'on adore, car elle est française.

Algorand : c'est une blockchain ultra rapide dont on a parlé plein de fois *because* croissance de fou.

Les trucs cools

- **ça coûte moins cher ;**
- **ça consomme moins d'énergie ;**
- **pas besoin d'équipement particulier ;**
- **les transactions se font plus rapidement.**

Les trucs moins cools

- **ton argent est immobilisé (staké) ;**
- **c'est une méthode moins éprouvée que la Proof of Work ;**
- **les validateurs qui ont beaucoup de cryptos ont une grosse influence sur les transactions.**

LE CAS D'ETHEREUM

Ethereum utilise la méthode PoW comme bitcoin, mais ça fait des années qu'elle prépare sa mise à jour à Ethereum 2.0 pour passer sur la méthode de PoS, parce que le combo de la méthode PoW et le nombre de personnes qui utilisent cette blockchain ça fait des frais de transaction de dingue et puis c'est moins rapide, etc.

COMMENT ÇA VA MARCHER ?

Il faudra staker 32 ETH pour pouvoir être validateur *(ça fait quand même plus de 112k$ cette histoire).* Donc, tu es utilisateur, tu mises 32 ETH et tu peux devenir validateur.

Quand tu es validateur :

1. **Tu crées les blocs.**
   Cela veut dire que tu valides des blocs de transaction.
2. **Tu attestes les blocs.**
   Ça veut dire que tu vérifies et confirmes des blocs créés par d'autres.

Tu reçois des récompenses dans les deux cas, mais si tu valides un bloc malveillant, tu perds ta mise stakée. Ce sont les autres validateurs qui peuvent identifier que tu as validé un bloc malveillant au moment où ils attestent ton bloc.

LA MISE À JOUR ETHEREUM 2.0

Ça ne se fait pas comme ça une mise à jour pareille vu que la méthode de consensus (qui est donc la méthode de validation de transaction) est l'élément central d'une blockchain.

La phase 0 du plan, c'était de recréer cette colonne vertébrale d'Ethereum en y intégrant la méthode de validation PoS. Cette phase a été achevée en décembre 2020. La prochaine phase, c'est de connecter Ethereum à Ethereum 2.0, ils appellent ça « The merge », c'est une fusion quoi.

Ils ont fait un test grandeur nature du délire en décembre 2021 : ils ont fusionné les deux sur un web de test (*testnet*) et ont demandé à la communauté de le tester pour être sûrs que tout fonctionne. Et comme ça a été un succès, ils ont annoncé un déploiement réel pour le 22 juin 2022.

Et Ethereum deviendra Ethereum 2.0 avec la méthode de Proof of Stake

COMPRENDRE LE MINAGE POUR COMPRENDRE LE WEB 3.0

Déjà le minage tu sais ce que c'est en gros. Non mais en vrai tu sais ? Bon. Juste au cas où, voici un petit récapitulatif.

Tu te rappelles que les cryptos sont des monnaies (donc des genres d'euros) mais qui n'ont pas besoin d'une banque pour authentifier les transactions : que t'as bien l'argent, que tu l'as bien envoyé, tout ça. En gros tu n'as pas besoin qu'un banquier tienne un livre des registres des transactions. Car c'est fait automatiquement sur la blockchain.

Exemple : je t'envoie 1 bitcoin et quand tu le reçois, hop, la transaction est enregistrée dans la blockchain sans qu'un humain (qu'on peut corrompre) doive vérifier. Oui, sauf que si, quand même il faut bien les vérifier ces transactions avant de les enregistrer définitivement dans la blockchain. Si ce n'est pas le banquier qui le fait ? Et bien ce sont les mineurs.

Je te disais, les gardiens du temple de la sécurité. Mais il fallait trouver une méthode de vérification solide. Car nous les humains, on filoute depuis notre naissance. Oui nous sommes corruptibles, si on est concerné ou qu'on a quelque chose à y gagner. Le banquier l'est. La collégienne l'est aussi. En tout cas la collégienne que j'étais oui.

L'AUTHENTICITÉ DANS MON COLLÈGE

Dans mon collège, on avait un système qui était assez solide avec les notes. En gros, tu rendais ta copie, le prof t'évaluais et te mettais une note. Toi, tu devais la faire signer à tes parents, puis montrer la signature à ton prof. Je sais que maintenant tout se fait en ligne mais moi, j'avais recouvert de tipex un 9/20 que j'avais transformé d'une main tremblante en 12/20 avant de la faire signer. J'ai essayé mais j'ai avoué quasiment instantanément à ma mère mon faux et usage de faux en pleurant.

Ce que j'ai fait, c'est essayer de maquiller une transaction pendant son processus d'authentification. Si moi, à 13 ans, je l'ai fait, tu imagines que quand on parle de transfert d'argent, on a besoin d'un système un peu plus efficace. En crypto on en a trouvé deux majeurs.

On va s'intéresser au plus répandu : la preuve de travail (Proof of Work). Cette méthode consiste à devoir prouver que tu as travaillé pour avoir le droit d'authentifier une opération.

Et pour ça, on utilise le minage.

LE MINAGE

Tu te rappelles qu'à la base un ordinateur c'était pour faire des calculs. Ben en gros on revient aux origines des ordinateurs avec le minage. Ça consiste à utiliser la puissance de ton ordinateur pour résoudre un calcul mathématique complexe qui est proposé à tous les mineurs en même temps. Le plus rapide sera le seul à pouvoir résoudre l'opération.

Quand le calcul est résolu, il se passe deux choses :

la page de transactions liée au calcul vérifié devient authentique et se raccroche officiellement à la blockchain ;

en récompense le mineur qui a trouvé la réponse reçoit des bitcoins créés spécialement pour lui, et oui des bitcoins neufs. (Nous quand on en achète, c'est de la seconde main en fait.)

Plus le calcul est complexe à résoudre et plus les transactions de cette crypto sont sécurisées. Et cette difficulté de calcul est variable. Plus de monde participe à l'effort de minage, plus la difficulté de calcul augmente et inversement. Mais du coup qui sont ces mineurs qui gagnent des bitcoins tout neufs pendant que nous on doit en acheter ?

LES MINEURS, CES GARDIENS DU TEMPLE

Techniquement, tout le monde peut faire du minage. Il suffit d'avoir un ordinateur un peu spécialisé et un logiciel de minage, mais en réalité c'est un vrai marché organisé. Il y a des entreprises qui vont créer ce qu'on appelle des fermes de minage. Ce sont plein d'ordinateurs qui vont résoudre ces calculs toute la journée.

En général on en trouve dans les pays ou l'électricité ne coûte pas cher (pour rentabiliser au maximum l'opération) et où le climat est frais car les ordinateurs montent en température.

Parmi les fermes les plus célèbres, il y a :

Bitmain : une entreprise chinoise qui est l'un des plus grands fabricants de matériel de minage au monde et qui possède aussi plusieurs fermes ;

F2Pool : c'est une ferme basée en Chine qui mine principalement du bitcoin et litecoin ;

Tu as as aussi Bitfury qui a des fermes en Géorgie, aux Pays-Bas et aux États-Unis ;

Genesis Mining en Islande ;

et Bitfarms au Canada.

À noter que le minage est interdit en Bolivie en Égypte et au Bangladesh.

POOL DE MINAGE

LES MINEURS, CES GARDIENS DU TEMPLE

C'EST ÉCOLO OU PAS LE MINAGE ?

MAIS SINON C'EST ÉCOLO OU PAS LE MINAGE ?

Parce que quand on dit que les cryptos ne sont pas écolo, en fait ce qu'on dit c'est que le minage de crypto n'est pas écolo. Rapport aux centaines d'ordinateurs qui tournent tous en même temps dans le but d'être le premier à résoudre un calcul.

Mais si l'électricité est utilisée et produite à partir d'énergie, renouvelable, comme l'énergie hydraulique ou solaire et bien son impact sur l'environnement est quand même moindre. Je t'ai trouvé quelques fermes de minage qui sont considérées comme étant écologiques :

- # HydroMiner, basée en Autriche, qui utilise de l'électricité produite à partir de l'énergie hydraulique ;
- # Greenidge Generation, basée aux États-Unis, qui utilise de l'électricité produite à partir de gaz naturel ;
- # Soluna, basée au Maroc, qui développe une ferme de minage qui utilisera de l'électricité produite à partir d'énergie éolienne et solaire.

Alors ça, c'était pour les entreprises du secteur. Mais je te connais, une fois qu'on sait ça, on a envie de savoir si on peut participer à ça et si c'est rentable !

RENTABLE DE FAIRE DU MINAGE SOI-MÊME ?

Bon, en tant que particulier si on veut contribuer à la sécurisation du réseau et gagner un peu d'argent en le faisant, comment ça se passe ? Tu dois calculer si c'est rentable et pour ça il faut prendre en compte 8 variables :

- # **Quelle est la puissance de ta machine :** c'est le Bitcoin Mining Hashrate. En gros combien de calculs ta machine peut faire par seconde. Ça se mesure en TH/s et de ce que j'ai vu on trouve principalement des machines de 80 TH/s à 110 TH/s (donc qui calculent de 80 à 110 opérations par seconde) ;
- # **Combien consomme ta machine :** combien elle utilise d'électricité pour fonctionner. Ça se calcule en Watts ;
- # **Quel est le coût de l'électricité :** ça se calcule en $/kWh ;
- # **Quels sont les frais de pool :** ça c'est si tu passes par un intermédiaire, combien il va prendre pour la maintenance de ta machine ou la gestion de l'organisation collective. Ça se calcule en pourcentage et ça se situe entre 2 et 15 % d'après ce que j'ai trouvé ;
- # **Combien a coûté ta machine :** j'ai trouvé des machines entre 2k et 20k$;

- # **Quelle est la difficulté de calcul du réseau ? :** ça te permet de savoir si ta machine va galérer à résoudre les opérations et pour rappel, plus il y a de mineurs sur une crypto, plus la difficulté augmente ;
- # **Quelle est ta récompense par validation ? :** pour le bitcoin en ce moment tu gagnes 6,25 BTC par opération validée mais ça sera divisé par deux d'ici un an au moment du halving ;
- # **Quel est le prix de la crypto que tu reçois en récompense ? :** le bitcoin est à 16k$ en ce moment.

Maintenant que tu as toutes ces informations pour identifier si c'est rentable, je vais te faire deux hypothèses de minage.

EN AUTONOMIE EN FRANCE

Admettons que je veuille faire du minage en France chez moi. J'achète un ordinateur de minage qui coûte 9k$ (quand même), avec le coût de l'électricité à 0,17$ du kWh et le bitcoin à 16k$, en prenant en compte toutes les variables dont on a parlé, je perds 7,15$ par jour.

Je vais perdre 214$ par mois si je fais ça en France.

J'arrête de perdre de l'argent pour être à zéro quand le bitcoin est à 35k$.

Mais ça c'est pour 1 an, car après la récompense sera divisée par deux, alors que mes coûts seront les mêmes. Donc clairement, faire du minage, en autonomie en France avec un bitcoin à ce prix-là, c'est de la folie.

Du coup j'ai cherché des alternatives.

AU SEIN D'UN POOL DE MINAGE

Figure-toi que la solution se trouve peut-être dans la communauté. Il existe ce qu'on appelle des pools de minage. De mon point de vue c'est exactement comme les fermes sauf que c'est pour les particuliers.

Tu vas avoir soit une entreprise soit un groupe, qui te propose d'acheter une machine dans leur ferme et ensemble vous serez plus forts pour résoudre des opérations.

C'est un genre de coopérative de minage. Ce qui est aussi cool c'est que du coup tu peux faire ça à distance (là ou l'électricité coûte moins cher et si possible où c'est plus écologique).

Voici les pools de minages les plus connus :

- # **Slush Pool :** qui est l'un des plus anciens pour le bitcoin. Il a des frais de participation de 2 % ;
- # **F2Pool :** qui est l'un des plus grands, il est particulièrement populaire en Asie. Il a des frais de participation de 4 % ;

- **Antpool & BTX.com : ces pools sont gérés par la société chinoise Bitmain. Ils proposent des frais de participation de 2,5 %.**

Et j'ai aussi découvert la société Gwensas qui m'a drôlement intéressée car elle est française et communique sur le fait d'utiliser de l'énergie verte. En fait elle achète de l'électricité produite en Afrique centrale mais qui n'est pas consommée. De l'énergie perdue donc. Et par exemple au Congo, le minage permet de financer la préservation du parc des Virunga.

Bref ça m'a plu, alors j'ai fait mes petites analyses de rentabilité avec leur offre.

LE TEST AVEC GWENSAS

De ce que j'ai vu, le choix de machine est restreint, j'en vois trois sur leur site avec une puissance moyenne. Celle que je choisis pour mon étude a une puissance de 88 TH/s et coûte 2 740€.

Le coût de l'électricité est vraiment moins cher qu'en France : 0,055 $/kWh.

En revanche, j'ai l'impression que les frais qu'ils prennent pour la maintenance et la gestion sont de 15 %, donc plus chers que tout ce que j'ai vu.

En reprenant tous les points pour la rentabilité, j'arrive à un gain de 19$ par mois avec le bitcoin à 16k$.

Ça veut dire que pour rentabiliser les 2,7k€ investis dans la machine il faudrait quand même 12 ans...

J'avoue que vu comme ça, ce n'est pas génial.

JE VAIS PRENDRE 3 HYPOTHÈSES SUPPLÉMENTAIRES

- **Bitcoin à 20k€ : je gagne 720$ par an (il faut 4 ans pour rentabiliser la machine avant de gagner).**
- **Bitcoin à 30k€ : je gagne 1,9k$ par an (en 1,5 ans c'est rentable).**
- **Bitcoin à 50k€ : je gagne 4,3k$ par an (en 1 an c'est rentable).**

Ça me coûte 1,7k$ par an pour faire tourner la machine et gagner 0.,11 BTC Ce qui est exactement le prix qu'on paierait pour acheter 0,11 BTC à 16k€. Mais tu as toujours la machine à rentabiliser et il faut prendre encore en compte que dans un an les profits seront diminués de moitié car la récompense en bitcoin sera aussi diminuée de moitié.

Bon, finalement on dirait que la rentabilité du minage (de bitcoin) ne soit pas si intéressante que ça. Mais maintenant tu es armé pour aller explorer le minage d'autres cryptos si ça t'intéresse !

ILS PRÉDISENT LE PRIX DU BITCOIN

C'est la question à 1 million : combien va coûter le bitcoin ? Comme la période peut être effrayante, j'ai décidé de décrypter pour toi la question des prédictions autour du prix du bitcoin.

En finance, on dit que les performances passées ne préjugent pas des résultats futurs. Ça veut dire que ce n'est pas parce que le bitcoin n'a fait que croître que ce sera toujours le cas.

Mais quand tu sais que la chute du bitcoin que l'on vit actuellement est en fait la quatrième, ben ça permet de relativiser !

6

LES CYCLES CRYPTOS

Tu le sais peut-être déjà mais le bitcoin suit un cycle qui se reproduit environ tous les 4 ans :

- # **une croissance immense du prix du bitcoin et de l'adhésion du public ;**
- # **le bitcoin atteint un prix le plus haut historique : son ATH ;**
- # **le bitcoin chute jusqu'à 80 % de sa valeur ;**
- # **il reste bas jusqu'au halving.**

QU'EST-CE QUE LE HALVING ?

LE nombre de bitcoins créés est fixe et a été défini dès le début : 21 millions. Tous les 4 ans à une date précise, la production de bitcoins est diminuée de moitié jusqu'à atteindre ces 21 millions. Cette date est appelée le halving.

LES 3 DERNIERS CYCLES DU BITCOIN

Le 1er cycle bitcoin : 2009-2012

Le premier bitcoin est créé en 2009 et, à ce moment-là, il fallait 2 300 BTC pour avoir 1$. Mais en 2011, 1 BTC atteint 1$ ce qui semble déjà une croissance extraordinaire.

Puis, en 4 mois, il se passe un truc de dingue : 1 BTC devient 31$! C'est son premier ATH. Mais, quelques jours plus tard, il fait son premier crash et redescend à 10$.

En 2012, c'est le premier halving.

Le 2e cycle bitcoin : 2013-2016

Dans ce deuxième cycle, la croissance du bitcoin connaît deux pics :

> En avril 2013, il monte à 200$ puis chute à nouveau jusqu'à 109$.

> En novembre 2013, il atteint l'extraordinaire 1k$ avant de chuter à 200$ et d'y rester de nombreux mois.

Ce n'est pas parce que le prix du bitcoin reste stable qu'il ne se passe rien. En parallèle, de grosses entreprises comme Microsoft, décident d'accepter les paiements en bitcoin, qui commence à faire sa place en tant que devise à part entière.

En 2016, le bitcoin a oscillé entre 200$ et 600$ et fin 2016 arrive le deuxième halving.

Le 3e cycle bitcoin : 2017-2019

La croissance dure toute l'année 2017 de façon spectaculaire : elle commence par retrouver les 1k$ le 2 janvier, puis continue de croître jusqu'à juin pour atteindre les 3k$, puis les 5k$ en septembre, 11k$ en novembre et, enfin, les 20k$ en décembre.

En janvier 2018, le bitcoin chute à 10k$ et ne cessera de redescendre pendant tout 2018 avant de rester stable puis de commencer à remonter en 2019.

Début 2020 arrive le troisième halving.

Le cycle actuel du bitcoin : 2020-2024

Le bitcoin a grimpé toute l'année jusqu'à 28k$ en décembre 2020. Puis 35k$ en juin, 47k$ en août pour finir à son dernier ATH à 68k$ en novembre 2021.

Depuis, il a chuté pendant toute l'année 2022 pour atteindre les 16k$ actuellement.

Le quatrième halving arrive début 2024.

Ce qui a amené au dernier crash. Il y a toujours des éléments extérieurs qui viennent précipiter le crash du prix du bitcoin, le tout est de s'assurer que ces éléments soient réglés au moment du prochain halving pour favoriser sa croissance et son adoption.

Pour mémoire ce qui a amené le dernier crash c'était :

- **l'interdiction de miner du bitcoin en Chine à l'été 2021 : le bitcoin était bien parti pour atteindre les 100k$ mais ça a considérablement ralenti sa croissance ;**
- **la guerre en Ukraine : la désorganisation économique et l'insécurité que ça crée ne favorise pas l'adoption d'une nouvelle technologie et devise encore très volatile et considérée comme risquée ;**
- **l'inflation qui s'accélère et la hausse des taux d'intérêts : dès que les taux d'intérêts augmentent, la peur s'empare du marché crypto et les investisseurs se réfugient sur des actifs considérés comme moins risqués.**

Et nous avons aussi eu deux événements liés directement au marché crypto :

- # le hack de l'USDT/TerraLUNA qui a notamment entraîné la chute de Celsius ;
- # la gestion de FTX qui a entraîné sa faillite et celle de 134 entreprises de la crypto à date.

Maintenant qu'on se rappelle ce qui s'est passé, si on en venait aux prédictions ?

LES MODÈLES DE PRÉDICTION

Nous, en étudiant ces éléments, on comprend mieux le fonctionnement du bitcoin, mais il y en a qui vont beaucoup plus loin. Eux, grâce à ça, ils fabriquent des fonctions mathématiques pour essayer de modéliser le prix du bitcoin à l'avenir par rapport aux éléments qu'on sait du passé et à ceux qu'on connaît du futur (le halving).

LES GOUROUS

En 2019, quand le bitcoin avait crashé à 6k$ et que tout le monde pensait encore une fois qu'il était définitivement fini, Benjamin Cowen a émis l'idée qu'il remonterait à 55k$. Certains l'ont cru et sont devenus millionnaires.

Ensuite, il a prédit un bitcoin à 100k$ pour 2021, et s'est fait traiter d'escroc. Il se basait sur un modèle mathématique de projection de croissance du bitcoin, et l'interdiction de miner en Chine et la guerre en Ukraine, ben il ne les a pas vues venir.

Ce que je veux t'expliquer c'est que certes, ceux qui analysent le passé peuvent faire des hypothèses de croissance du bitcoin, mais ils ne savent pas quels sont les éléments géopolitiques qui peuvent intervenir et impacter l'adhésion et la croissance du bitcoin.

Néanmoins, comme ces outils permettent de se projeter, je vais t'en présenter deux qui sont assez simples à comprendre.

LE BITCOIN RAINBOW CHART : BASÉ SUR LE PRIX

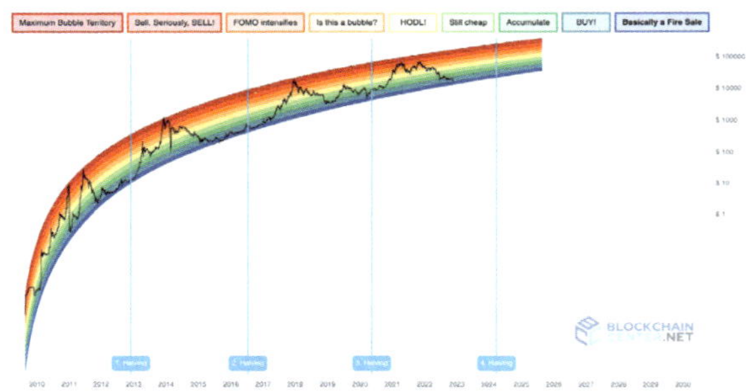

C'est une courbe de régression logarithmique dans laquelle on a entré les données de prix du bitcoin. On y a rajouté les couleurs de l'arc-en-ciel selon qu'on est dans une zone où il est plus rentable d'acheter du bitcoin ou de vendre du bitcoin.

Ce graphique a été créé en 2014 par Holger et jusqu'à présent le bitcoin n'était presque jamais sorti de sa trajectoire, mais après le crash de FTX et la chute du bitcoin à 16k$, l'algorithme a été recalculé pour continuer d'être juste.

Comme tous ces outils, il ne peut pas prédire l'avenir du bitcoin, mais c'est un bon indicateur pour savoir quand acheter et quand vendre si on croit en l'avenir du bitcoin.

LE MODÈLE STOCK-TO-FLOW : BASÉ SUR LA RARETÉ

Pour faire très simple, le modèle Stock-to-flow prend en compte le prix du bitcoin mais il ajoute aussi la donnée de rareté du bitcoin. Il prend donc en compte les halvings en imaginant que cela fera augmenter sa valeur. Il repose sur les stocks (le nombre de bitcoins existants) et les flux (le nombre de bitcoins créés).

C'est un gars qui se fait appeler Plan B qui l'a créé en 2019. Et jusqu'à présent ce modèle était rigoureusement exact, mais comme pour la méthode précédente, depuis début 2022, entre le crash lié à l'UST et celui de FTX, le modèle est tombé.

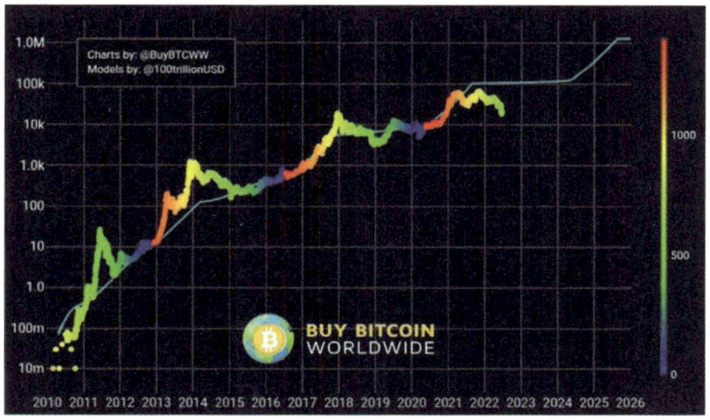

Mais on peut espérer qu'en adaptant un peu le modèle, on puisse de nouveau s'y fier.

CE QU'ON PEUT IMAGINER POUR LE BITCOIN

Avec toutes ces infos, voici ce qu'on peut en retenir pour nos analyses.

LE PRIX LE PLUS BAS POUR LE BITCOIN

Ce qu'on a vu dans tous les précédents marchés en baisse c'est que le prix le plus bas du bitcoin arrive en général 1 à 1,5 ans après l'ancien ATH. Et le nôtre est arrivé en novembre dernier. Dans les deux derniers marchés en baisse, on est descendu à -80 % depuis l'ATH et en ce moment le bitcoin est à -77 % du sien donc on peut s'attendre à ce qu'il baisse encore.

Cette phase où le bitcoin est très bas est aussi une phase d'accumulation avant la croissance. Les investisseurs qui croient en l'avenir du bitcoin en profitent pour accumuler un maximum de bitcoins à prix réduit.

LE HALVING ET LA CROISSANCE

À chaque fois, la principale augmentation du prix du bitcoin arrive un an après le halving. Si on analyse la blockchain du bitcoin on peut voir que toutes les personnes qui ont acheté du bitcoin au-dessus de 60k$ l'ont vendu. Ce sont elles qui ont le plus perdu en 2022. En revanche, toutes les personnes qui ont acheté dans les 6 derniers mois seront en profit dès la croissance.

À noter que le meilleur moment pour acheter est toujours celui qui semble le pire. Je ne sais pas s'il y aura une prochaine croissance, mais ce qui est sûr c'est que s'il y en a une, j'en ferai partie.

LE CRASH CRYPTO DE NOVEMBRE 2022

Pour que tu te rendes bien compte, on pourrait comparer ce qui s'est passé en novembre 2022 à la faillite des banques Goldman Sachs entraînant la crise financière de 2008. Mais avant que je te raconte tout, je veux répondre aux questions que vous allez tous me poser :

pour moi ce n'est pas la fin des cryptos ;

ça ne change rien à mon plan d'investissement ;

je n'ai gardé des cryptos que sur Binance, ma clé Ledger et mes portefeuilles cryptos décentralisés (MetaMask, etc).

LA FAILLITE DE FTX

FTX est le site n°2 dans le monde pour acheter ses cryptos. C'est une entreprise centralisée (donc classique) mais qui fonctionne avec sa propre crypto, le FTT. Ses clients en possèdent car cela leur permet de faire baisser les frais de transaction quand ils achètent sur la plateforme.

Le numéro 1, Binance, avait été l'un des premiers investisseurs de FTX en 2019, il possède donc beaucoup de FTT. FTX a été créée par Sam Bankman -Fried (SBF).

Je sais, ça fait beaucoup d'acronymes.

FTX : l'entreprise ;

FTT : la crypto de l'entreprise ;

SBF : le gars qui a créé l'entreprise, mais on l'appellera Sam pour simplifier.

PREMIERS SOUPÇONS

Il y a peu, le site CoinDesk a rapporté que le bilan de l'entreprise Alameda Research était composé à hauteur de 5 millions de dollars de FFT. Mais cette boîte, elle a aussi été créée par Sam, et que cela voulait dire qu'il avait utilisé le FTT qui devait rester en réserve chez FTX pour sauver Alameda.

Ça a, évidemment, entraîné une crise de liquidité chez FTX : quand un site d'achat de crypto (un *exchange*) ne peut pas rembourser l'argent de tous les clients qui déposent sur la plateforme, c'est une crise de liquidité. C'est pour ça qu'ils doivent avoir une réserve d'argent de sécurité. Cette réserve, Sam, au lieu de la garder, il l'a utilisée pour sauver sa seconde entreprise Alameda.

1ER TWEET (DIMANCHE)

Le dimanche 6 novembre, le patron de Binance, le numéro 1 en crypto, fait un tweet qui dit que à la suite de révélations récentes, il va vendre ses FTT. Ce tweet, évidemment, fait peur à tout le monde et le FTT perd 30 % de sa valeur. Tous les petits investisseurs ont commencé à vendre du FTT, et ça a fait chuter le cours de l'ensemble des cryptos ! Même le bitcoin qui était plutôt en croissance tombe à 18k$ (puis 16k$) !

Pour les clients de FTX ça devient vraiment une galère car FTX bloque les retraits, ils ne peuvent donc pas récupérer leurs fonds.

L'ANNONCE D'ACHAT (MARDI)

Le mardi 8 novembre, le marché crypto arrête de chuter quand le patron de Binance annonce qu'il va faire une offre de rachat de FTX pour sauver la boîte et ses clients.

Sam remercie Binance sur Twitter. À ce moment-là, ça pose un nouveau problème dans l'industrie qui est la sur-centralisation du secteur si le numéro 1 rachète le numéro 2. À eux deux, ils représentent un quart de toutes les transactions cryptos dans le monde entier.

LA RÉTRACTATION (MERCREDI)

Entre-temps, Binance découvre que le manque de liquidité de FTX pour rembourser ses clients est de 8M$. Même Binance ne peut pas couvrir cette somme. Ils annulent leur offre d'achat.

Binance l'annonce sur Twitter.

LA DÉMISSION ET LE DÉPÔT DE BILAN (VENDREDI)

Le FTT que possède encore Binance valait 580M$ le samedi d'avant, il en vaut aujourd'hui 65M$. Sam démissionne de son poste de PDG et l'entreprise dépose le bilan. À ce moment, on ne sait pas encore si les clients pourront revoir leur argent, mais il y a des chances qu'au moins une partie le puisse.

Sam s'excuse. Voici l'état du FTT.

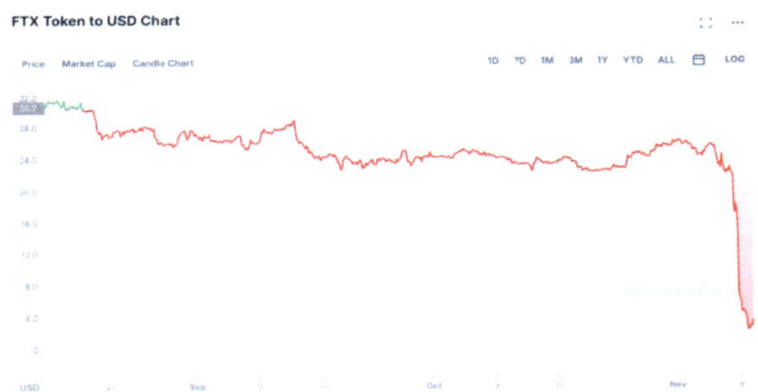

L'ARNAQUE (SAMEDI)

Moi, à ce stade, je croyais que ça allait se calmer, mais pas du tout ! Dans la nuit, on découvre quoi ? Tous les comptes de FTX ont été vidés. C'est le plus gros hack de l'histoire des cryptos, a priori plus de 3 milliards de dollars. Les clients de FTX n'ont a priori aucune chance de revoir leur argent.

Dans la foulée Sam a pris un jet privé pour l'Argentine. J'ai lu ensuite qu'il a été interrogé par la police aux Bahamas. Et sur Twitter tout le monde semble persuadé que c'est lui qui a vidé les caisses en partant.

LES DOMMAGES COLLATÉRAUX

Mais ce n'est pas tout, la faillite de FTX a fragilisé tout l'écosystème et il se peut que d'autres entreprises suivent… En attendant c'est surtout :

BlockFi dans la tourmente

Tu te rappelles en juin le crash de la plateforme Celsius ? Et bien ça avait eu un impact sur un site qui permet de placer ses cryptos : Blockfi. À l'époque pour survivre l'entreprise avait contracté un prêt de liquidité chez FTX. Depuis la chute de FTX, elle a bloqué les retraits sur sa plateforme.

On ne sait pas encore si ses clients pourront retrouver leur argent…

L'impact sur Solana

De toutes les cryptos (hors FTT), c'est le Solana qui a été le plus impacté par le crash de FTX. La crypto a perdu 57 % de sa valeur. C'est dû au fait que FTX et Sam avaient investi dans le projet via Alameda. Les investisseurs, au courant de ce lien entre les structures, ont eu peur et ont vendu massivement du Solana.

MON AVIS SUR L'AVENIR DES CRYPTOS

Alors, déjà, ça saoule de voir que de grosses entreprises centralisées dans l'écosystème crypto reproduisent exactement les mêmes erreurs que les banques de la finance classique. À la base, c'est précisément pour éviter ça que l'écosystème crypto a été créé. Voici les impacts que j'imagine à court terme.

1. Affaiblissement des entreprises de l'écosystème

Le risque majeur que je vois c'est que l'écosystème soit très fragilisé et que d'autres entreprises tombent dans la foulée.

2. Ralentissement de l'évangélisation du secteur

Ensuite, les puristes cryptos risquent de se « radicaliser » davantage contre la centralisation (et on les comprend) alors que les nouveaux dans l'écosystème pourraient prendre peur et s'en détourner (on les comprend aussi).

Ce qui pourrait faire que la croissance du secteur soit plus lente à repartir.

Développement des régulations

C'est pour éviter les risques de faillite que les entreprises centralisées de la crypto doivent avoir un fond de réserve. On peut s'attendre à ce que le régulateur vienne s'intéresser de plus près à ces entreprises notamment en rendant obligatoire le fait de partager leurs garanties et leur situation financière.

Je pense que c'est aussi dans cette logique de transparence que Binance a partagé l'adresse du coffre où ses fonds de réserve sont installés.

Plus fort demain

Je reste très confiante quant à l'avenir des cryptos, je m'étais déjà préparée à une période de plusieurs mois voire années d'hiver des cryptos donc je le vois plutôt comme une purge nécessaire des mauvais acteurs du marché.

À RETENIR

**Cela nous rappelle que dès que l'on passe par un intermédiaire, on est soumis à un risque : celui de sa faillite ou de la malveillance.
En crypto, on dit souvent « *not your key, not your coin* » ce qui veut dire que quand une plateforme peut t'empêcher d'accéder à tes fonds, ben tu perds le pouvoir.**

DOMINANCE BITCOIN & *ALTSEASON*

C'EST QUOI LA DOMINANCE DU BITCOIN ?

La dominance du bitcoin est un indicateur en % qui permet de mesurer la part de marché du bitcoin par rapport à l'ensemble des cryptos qui existent dans le monde. Pour que tu comprennes bien, la valeur globale du marché des cryptos c'est :

Toutes les pièces de toutes les cryptos en circulation

x

Leur prix respectif

DONC :

Tous les BTC x leur prix

+

Tous les ETH x leur prix

+

Tous les SOL x leur prix

ETC.

La somme de tout ça c'est la valeur globale du marché crypto. Si t'étais pas trop nul en maths à l'école a priori tu vois de quoi je parle (si t'étais nul, je ne te juge pas, les maths c'est dur). Donc la dominance du bitcoin c'est la valeur totale du bitcoin disponible sur la valeur totale du marché crypto.

7

Tous les BTC
x
leur prix
=
1 billion $

Toutes les cryptos
x
leur prix
=
2 billions $

Dans ce cas, la dominance du bitcoin est de 50 %. Le bitcoin représente 50 % de la valeur du marché crypto global.

UN INDICATEUR UTILE DU MARCHÉ CRYPTO

Je t'en parle car c'est un indicateur assez utile pour comprendre plein de trucs. Par exemple, la dominance du bitcoin est considérée comme un indicateur important de la santé et de la stabilité du marché.

Quand il est élevé, c'est que les investisseurs ont confiance dans le bitcoin en tant que premier acteur du marché, mais pas seulement. Sa croissance est notamment liée à l'adoption croissante du bitcoin par les investisseurs institutionnels, aux développements technologiques dans l'écosystème du bitcoin, et à l'incertitude économique mondiale.

En ce qui concerne les impacts sur le marché des cryptos, une forte dominance du bitcoin peut avoir des effets positifs ou négatifs sur les autres cryptos.

Elle peut indiquer que les investisseurs ont confiance dans le bitcoin en tant que premier acteur du marché, ce qui peut entraîner une augmentation de la demande pour le bitcoin et les autres cryptos.

Mais cette forte dominance du bitcoin peut également signifier que les investisseurs se détournent des autres cryptos, ce qui peut entraîner une diminution de la demande pour ces dernières et une baisse de leur valeur.

Et comme ça peut vouloir dire plusieurs trucs, autant analyser le passé pour y voir plus clair.

ÉTUDIONS LE PASSÉ POUR IMAGINER LE FUTUR

Il y a eu plusieurs périodes de variations importantes de la dominance du bitcoin depuis sa création en 2009. Voici un aperçu des principales fluctuations et de leurs impacts sur le prix des autres cryptos :

1. **2009-2012 :** pendant les premières années de l'existence du bitcoin, il n'y avait pas d'autres cryptos majeures en circulation, donc la question de la dominance ne se posait pas.
2. **2013 :** la dominance du bitcoin a atteint un sommet historique de 95 % au début de l'année, mais a rapidement chuté à environ 80 % à la fin de l'année. Cette baisse de la dominance du bitcoin a été associée à la montée en puissance du litecoin et d'autres altcoins.
3. **2014-2016 :** la dominance du bitcoin est restée relativement stable pendant cette période, fluctuant entre 80 % et 90 %. Pendant cette période, d'autres cryptos ont commencé à gagner en popularité, mais leur impact sur la dominance du bitcoin était limité.
4. **2017 :** la dominance du bitcoin a connu une forte baisse tout au long de l'année, passant de plus de 80 % à environ 40 %. Cette baisse de la dominance a coïncidé avec la montée en puissance de plusieurs altcoins, notamment Ethereum, Ripple et Bitcoin Cash, qui ont connu une augmentation significative de leur valeur.
5. **2018 :** la dominance du bitcoin a augmenté à nouveau en début d'année, passant de 35 % à plus de 50 %, en raison d'une correction majeure sur le marché des cryptos. Cependant, la dominance du bitcoin a connu une baisse tout au long de l'année, passant de plus de 50 % à environ 33 %. Cette baisse de la dominance a été associée à la montée en puissance de nombreuses altcoins, y compris Ethereum, Ripple, Bitcoin Cash et plusieurs autres.
6. **2019-2020 :** la dominance du bitcoin est restée relativement stable pendant cette période, fluctuant entre 60 % et 70 %. Pendant cette période, d'autres cryptos ont continué à gagner en popularité, mais leur impact sur la dominance du bitcoin était limité.
7. **2021 :** la dominance du bitcoin a connu une baisse significative au cours de l'année, passant de plus de 70 % à environ 40 %. Cette baisse de la dominance a été associée à la montée en puissance de nombreuses altcoins, y compris Ethereum, Binance, Cardano, Solana et d'autres. Pendant cette période, de nombreuses altcoins ont connu une forte augmentation de leur valeur par rapport au bitcoin.

Donc les fluctuations de la dominance du bitcoin ont souvent été associées à des changements importants sur le marché des cryptos, en particulier à l'augmentation de la valeur et de la popularité des altcoins.

Ahah, trop cool tout ça, mais c'est quoi vraiment la saison des altcoins ? Ça ressemble un peu à l'été : la fête et tout le monde est content ?

LA *ALTSEASON*

La saison des altcoins, ou *altseason* en abrégé, est une période où de nombreuses altcoins – c'est-à-dire toutes les autres cryptos en dehors du bitcoin – connaissent une forte augmentation de leur valeur par rapport au bitcoin. La saison des altcoins est généralement associée à une baisse de la dominance du bitcoin sur le marché des cryptos. Cela signifie que les investisseurs se détournent du bitcoin pour explorer d'autres options d'investissement, ce qui entraîne une augmentation de la valeur et de l'intérêt pour de nombreuses altcoins.

La saison des altcoins peut être déclenchée par différents facteurs comme :

- Les développements technologiques dans l'écosystème des cryptos qui améliorent les capacités et les fonctionnalités des altcoins.
- L'annonce de partenariats ou de collaborations entre les altcoins et les entreprises importantes qui peuvent aider à augmenter leur adoption.
- Les événements économiques mondiaux, tels que les baisses de taux d'intérêts, les fluctuations des taux de change et les périodes d'incertitude économique qui peuvent amener les investisseurs à chercher des actifs alternatifs.
- Les événements spécifiques à une crypto, comme les mises à jour de protocole, les lancements de nouveaux produits, ou les événements marketing majeurs.

Cependant, il est important de noter que la saison des altcoins ne se produit pas nécessairement chaque fois que la dominance du bitcoin diminue. Il peut y avoir des périodes où la dominance du bitcoin diminue sans qu'une saison des altcoins ne se produise, car les investisseurs sont prudents en raison de l'incertitude du marché des cryptos.

En résumé, la saison des altcoins est une période où de nombreuses altcoins connaissent une forte augmentation de leur valeur par rapport au bitcoin, et cela peut être déclenché par divers facteurs. Les investisseurs devraient surveiller attentivement les changements sur le marché des cryptos et prendre des décisions d'investissement éclairées en fonction de l'évolution de la saison des altcoins.

LA SÉCURITÉ EN CRYPTO

8

Dans un chapitre précédent, je t'ai parlé du crash de Tornado. Et tu l'as savouré comme on écoute un ragot croustillant. Mais à tous les coups ça t'a fait flipper. Et moi je veux que tu sois un maximum en sécurité. Ce n'est pas mission impossible, il suffit d'avoir un plan et de l'appliquer.

Alors, comme je l'avais fait pour le plan d'investissement, voici un guide de sécurité en milieu crypto.

CONCERNANT LES VARIATIONS DE PRIX

Rappel si tu débutes : quand tu achètes des cryptos, leurs prix peuvent varier et pas qu'un peu. Il n'est pas rare qu'une crypto perde 40 % de sa valeur. La variation des prix, c'est un risque que tout investisseur crypto est prêt à prendre. Et c'est d'ailleurs pour minimiser ce risque qu'on fait un plan d'investissement. Tu as deux options face à une chute des prix.

OPTION 1 : LA STRATÉGIE DE L'ATTENTE

Pourquoi attendre ?

Attendre, c'est ce qu'on appelle être *holder*. Ça consiste à garder ses cryptos. Moi, je choisis soigneusement les cryptos dans lesquelles j'investis et dans 90 % des cas, la baisse de leur prix n'impacte pas ma stratégie d'investissement. Cette méthode permet de ne pas vendre dans la panique.

Admettons que tu as acheté du bitcoin à 20k$. Cette semaine, il est tombé à 16k$. Tu paniques et tu vends. Donc tu as perdu ton argent alors que la crypto est tellement solide qu'il y a de grandes chances qu'elle remonte dans les prochaines semaines.

Avant de vendre il faut prendre du recul. Les variations du bitcoin sur une journée sont folles, pourtant en l'analysant depuis plusieurs années, il est en croissance.

Dans quel cas on attend ?

Le tout c'est d'être absolument sûr que la crypto n'est pas en danger sur le long terme.

Donc si le prix d'une crypto que tu as achetée chute :

1. **Tu vas voir sur CoinMarketCap l'état de son prix au global ;**
2. **Tu vas sur Twitter chercher les annonces sur la crypto ;**
3. **Tu vas sur Google chercher les articles dessus.**

Et à partir de là tu peux te poser la question de la pérennité du projet.

Exemple : le Solana

C'est une blockchain qui permet de créer d'autres projets (c'est un genre d'Internet des cryptos, disons). Elle était très utilisée pour créer des projets en rapport avec les NFTs et elle faisait une grosse concurrence à Ethereum car elle était moins chère. Son prix vient de chuter de 50 %, alors j'ai fait l'analyse que je te recommande de faire.

Déjà, on sait que c'est un projet solide (Top 15 des cryptos mondiales) mais on creuse.

En cherchant 5 minutes sur Twitter et Google, je vois que le projet a été énormément impacté par trois choses :

- **FTX était investisseur et sa faillite a fait peur à ceux qui possèdent du Solana ;**
- **Ethereum a fait une mise à jour qui le rend plus efficace donc ça impacte le Solana ;**
- **les NFTs sont largement moins nombreux aujourd'hui qu'il y a quelques mois.**

Avec ces infos, je comprends que ce n'est ni un bug important ni un hack. Ce n'est pas non plus un énorme scandale. J'y vois les difficultés classiques de la vie d'une entreprise. Je décide que j'ai plus à perdre à revendre maintenant qu'à garder ma crypto pour plus tard. Mais une fois qu'on a les bonnes infos, c'est à chacun de faire son analyse.

OPTION 2 : LA STRATÉGIE DE L'ACTION

Pourquoi agir ?

Agir, c'est revendre la crypto que tu possèdes suite à la chute de son prix. C'est sauver ce qu'il reste de ton capital quand tu penses qu'il n'y a plus d'espoir de croissance.

Dans quel cas agir ?

Tu vends quand tu n'as plus d'espoir pour la crypto. La chance qu'on a, c'est que les acteurs cryptos communiquent de façon instantanée sur le marché. Donc s'il y a une chute, tu vas très vite trouver du contenu explicatif sur le sujet sur Twitter et les différents sites d'information sur Google.

Ce que tu cherches à identifier c'est :

un problème technique majeur ;

une attaque malveillante importante ;

un problème de gestion grave.

Dans l'un de ces 3 cas, tu as tout intérêt à vendre tout de suite.

Exemple : le FTT

Quand le FTT, la crypto de l'entreprise en faillite FTX a commencé à chuter, il m'a suffi de 3 minutes de recherches sur Twitter pour voir que le *leader* crypto CZ avait fait un tweet révélant des doutes sur la solidité de la plateforme. Quelques jours après, la faillite était avérée.

C'était la même chose avec le stablecoin UST. Il était censé être toujours égal à 1$. Quand il a commencé à chuter, j'ai directement vu sur Twitter que c'était une attaque malveillante sur l'algorithme de la crypto qui l'avait fait plonger. J'ai attendu la nuit avant de revendre au cas où ils arriveraient à se restabiliser. Le lendemain matin, j'ai vendu de suite pour ne pas perdre mon capital.

Pour pouvoir identifier les risques, c'est plus simple quand tu comprends quels sont le rôle et le projet de la crypto dans laquelle tu investis !

CONCERNANT LA SÉCURITÉ DES PLATEFORMES

Il est probable que tu utilises des applications centralisées pour acheter tes cryptos. On appelle ces applis soit des *exchanges*, soit des CEXs (des *exchanges* centralisés). En ce moment, beaucoup de ces acteurs subissent les effets collatéraux de la faillite de FTX.

Ce que tu dois observer :

le risque d'attaque ou bug technique ;

le risque de manque de liquidité.

Honnêtement, le premier tu ne peux pas vraiment le prévoir, mais tu as moins de chance que ça arrive avec un très gros acteur.

Pour le second il faut que tu vérifies la preuve de réserve et sa composition. Ces entreprises doivent avoir de la liquidité pour rendre l'argent de tous les clients qui voudraient retirer leurs fonds de la plateforme (comme une banque).

Sauf que bien souvent, elles ont cette liquidité dans une crypto qui peut perdre de la valeur à cause de la baisse des prix. Ou pire, elle pourrait ne pas avoir de liquidité car elles l'ont utilisée pour autre chose. C'est ce qui est arrivé avec FTX.

La preuve de réserve c'est la preuve de la liquidité qu'elles possèdent. Et c'est un grand pas vers plus de confiance que font les CEXs en rendant cette info publique.

LE CAS DE BINANCE

En ce moment, j'ai retiré mes cryptos de toutes les plateformes sauf Binance. C'est le numéro 1 mondial et celui qui a le plus de liquidité de tous les acteurs : 65 milliards de $. Pour moi, c'est donc le choix le plus sûr en cette période.

LE CAS DE CRYPTO.COM

Il possède 2,46 milliards de $ de réserve, dont 25 % de BTC, 5 % d'USDT, 18 % d'ETH et 21 % de Shiba. Ça a fait pas mal débats car plus une réserve est composée de cryptos volatiles, moins elle est solide, et le Shiba est très volatil.

Ces preuves de réserves sont un premier pas vers plus de confiance. Mais en réalité ce n'est pas suffisant en soit pour juger de la solidité financière de ces entreprises à qui on confie notre argent. Aucune plateforme n'a encore partagé son passif ou même ses dettes, et il faudra probablement aller dans ce sens pour rassurer les investisseurs.

LES PORTEFEUILLES CRYPTOS

Un portefeuille crypto est un coffre dans lequel tu peux stocker tes cryptos sans passer par une plateforme intermédiaire. C'est une alternative hyper intéressante pour conserver tes cryptos.

Tu as les portefeuilles :

- qu'on appelle *cold :* ils sont plus sécurisés mais moins faciles d'accès si tu veux récupérer tes cryptos pour les vendre vite ;
- qu'on appelle *hot :* moins sécurisés mais très faciles d'accès pour revendre des cryptos.

Moi j'ai une partie de mes cryptos sur Binance. Le reste est partagé entre mon *cold* et mes *hot* wallets.

 # Les clés Ledger :

- C'est la marque de référence en France.
- Type de wallet : *cold.*
- Cryptos prises en charge : plus de 5k.
- Prix : 149€

 # Les clés Trezor :

- C'est le principal concurrent de Ledger.
- Type de wallet : *cold.*
- Cryptos prises en charge : plus de 1k.
- Prix : 82€

 # Le portefeuille Trust Wallet :

- L'un des *leaders* mondiaux récemment promu par CZ, le patron de Binance.
- Type de wallet : *hot*
- Cryptos prises en charge : illimité
- Prix : gratuit

 # Le portefeuille MetaMask :

- C'est le *leader* incontesté des *hot* wallet en crypto.
- Type de wallet : *hot*
- Cryptos prises en charge : illimité
- Prix : gratuit

LE SUJET DES FONDS D'INVESTISSEMENT EN CRYPTO

Je vais te raconter l'histoire vraie d'un mec sous enquête de la brigade du grand banditisme qui aurait volé 3M€ en crypto et à cause de qui un ami à moi s'est retrouvé embarqué dans une prise d'otage en plein cœur de Lyon. Si je te raconte cette histoire, c'est parce qu'elle nous permet de voir les dérives possibles d'un fonds d'investissement crypto.

9

Le but ici c'est que JAMAIS tu ne te fasses extorquer ton argent à cause de la crypto. Tu peux perdre de l'argent car tu as misé sur une crypto qui a coulé. Tu peux perdre de l'argent car tu as acheté tes cryptos sur un *exchange* qui a coulé. C'est déjà relou. Mais il est hors de question que tu perdes de l'argent car tu as fait confiance à un fonds d'investissement malhonnête.

LEVER DES FONDS EN CRYPTO

Le pote dont je vais te raconter l'histoire dirige un incubateur pour les entreprises du Web 3.0. En gros, il s'occupe d'accompagner des entreprises qui utilisent la blockchain et il les aide à lever des fonds grâce à la crypto. C'est-à-dire que tu donnes de l'argent et en échange tu obtiens de la crypto de la boîte qui se lance.

L'entreprise peut utiliser l'argent que tu as envoyé en euro pour son développement. Et quand sa crypto sera mise en vente officiellement sur un site type Binance, tu vas pouvoir vendre ta crypto en espérant faire x30. C'est exactement comme investir dans une Startup : les chances de succès sont de 1 %, mais il y a très gros à gagner.

Donc pour revenir à mon pote, un jour il lève des fonds pour une des boîtes de l'incubateur, ça se passe bien et un fonds d'investissement crypto qui s'appelle WeTrade met 600 000€ dans la levée. C'est là que les embrouilles commencent…

UN FONDS D'INVESTISSEMENT CRYPTO

Un fonds d'investissement, c'est un portefeuille sur lequel tu peux déposer de l'argent. Les gestionnaires du fonds d'investissement ont la charge de faire une analyse des entreprises et répartir les investissements pour maximiser le profit des investisseurs.

Un fonds d'investissement crypto, c'est le même principe, sauf que c'est pour investir dans des entreprises qui lèvent des fonds en crypto. Mais un fonds d'investissement classique, c'est hyper surveillé : l'État regarde en permanence ce qui s'y passe. Alors que les fonds d'investissement en crypto ne sont pas encore régulés. Ça veut dire que n'importe qui peut en créer un, pour des motifs plus ou moins honnêtes.

LA PRISE D'OTAGE

Il y a un mois, mon pote a reçu des messages bizarres de Ballzy, le fondateur de WeTrade (le fonds crypto qui a investi 600k€ dans la levée). Il aurait besoin d'argent car sa vie est menacée et qu'il traverse le pays dans le coffre d'une voiture. Mon pote voit les messages le lendemain matin et n'arrive pas à le contacter.

Deux jours plus tard, il va dans son bar favori à Lyon et voit Ballzy dans un coin du bar, seul, l'air en sale état. À ce moment-là, mon pote se fait encadrer par cinq mecs tout droit sortis d'un film de gangsters. Il ne voit pas d'armes mais il me raconte qu'il sait qu'il y en avait.

Ils disent :

– « Ballzy nous doit de l'argent. Considère que les 600 000€ qu'il a mis dans votre boîte sont à nous. Tu vas nous les rendre tout de suite. »

Mon pote choqué :

– « Je n'ai pas accès à l'argent, appelons mon associé. »

Après cinq longues minutes au téléphone, l'associé arrive à négocier un délai pour donner l'argent car 600 000€, ça ne se sort pas comme ça. Les hommes le laissent partir et lui donnent une semaine.

L'ARNAQUE

Pas fous, les deux associés se retrouvent et filent à la brigade de Lyon pour porter plainte et surtout aider leur investisseur Ballzy qui semble être toujours en otage. Ils ont passé le reste de la semaine avec la police à éplucher toutes les informations sur cette histoire.

C'est là qu'ils ont commencé à déceler une arnaque à plus grande échelle. Ballzy disait avoir traversé le pays dans le coffre d'une voiture, mais la police le voit à cette date sur les caméras de surveillance de l'aéroport déambulant en toute liberté en compagnie des mafieux. La police se demande même si le cerveau de l'opération n'est pas Ballzy.

Une des théories serait qu'il devait de l'argent à cette mafia, mais qu'il a tout perdu dans le crash FTX et que le seul moyen de les rembourser était de récupérer l'investissement de WeTrade. Alors déjà c'est du vol on est d'accord. Mais en plus, ces 600k€ n'appartiennent pas à Ballzy mais aux gens qui ont placé en gestion leur argent dans le fonds crypto WeTrade. Ce qui nous amène à parler de ce fonds, car il représente bien ce sur quoi tu peux tomber et que je vais te demander d'éviter au maximum (au cas où).

LE CAS DU FONDS WETRADE

Le fonds crypto WeTrade a donc été créé par ce gars dont le pseudo sur Twitter est Ballzy. Il a aussi un compte Instagram, que je suis allée fouiller, sur lequel il montre une vie de rêve à base de grosses bagnoles et de grosses villas. Il a réuni une communauté en partageant des conseils cryptos sur Twitter. Et il y a deux ans, il a ouvert un Télégram.

Ce Télégram, c'est l'outil qu'il utilise pour son fonds d'investissement crypto. Dessus, il y a 5 000 personnes qui ont donné (environ) 3M€ à Ballzy pour qu'il investisse. En deux ans, presque personne n'a réussi à récupérer l'argent placé. En fouillant, j'ai vu sortir des tonnes de pétitions et de sites Internet sur l'arnaque de ce fonds crypto.

Pourtant, mon pote est témoin, ces 600k€, il les a bien reçus comme investissement dans la levée de fonds. Donc une partie de l'argent au moins est effectivement placée.

Le problème que j'ai découvert c'est que ce fonds est officieux. Il n'a pas de structure juridique. Ballzy envoyait juste une adresse de portefeuille crypto sur le Télégram et les gens envoyaient de l'argent. Sauf que Ballzy ne demande pas de KYC pour savoir qui a envoyé l'argent. Il n'a pas de fichier de suivi qui permet de dire qui a envoyé combien.

Et sans ça, impossible ni de rembourser les gens ni de leur donner leurs gains. C'est comme si tu confiais ton argent à un inconnu que tu croises dans la rue sans lui donner ton nom ni ton adresse, tu ne reverras jamais ton argent.

COMMENT ÉVITER CE GENRE DE FONDS ?

Voici les gros *red flags* pour le cas WeTrade :

- # quand Ballzy partage des « conseils » crypto, en fait il ne donne aucune clé d'apprentissage. Ce qu'il fait, c'est donner l'impression que le seul moyen de gagner de l'argent en crypto, c'est en lui confiant ;
- # il passe beaucoup de temps à décrédibiliser d'autres producteurs de contenu sur le sujet comme pour dire n'écoutez que moi, tous les autres sont des cons ;
- # quand il communique, soit il est toujours agressif, soit il utilise la FoMO qui est une technique de manipulation classique des arnaqueurs ;
- # il bannit systématiquement du Télégram les gens qui posent des questions gênantes du type : « On va revoir notre argent quand ? » ;
- # la manière dont il lève des fonds : il envoie juste une adresse de portefeuille crypto, il ne demande pas de KYC, il n'a pas de fichier de suivi, il n'a pas de structure juridique officielle de son fonds crypto.

En conclusion, tous les fonds d'investissement crypto ne sont pas des arnaques, mais ils ne sont pas régulés par l'état et tu ne sauras jamais entièrement s'ils sont transparents ou non. Pour moi, la crypto est un marché encore trop volatil pour donner son argent à des fonds d'investissement, officiels ou officieux.

De même, les personnes qui vous disent tout comprendre et vous assurent que vous n'avez pas les capacités d'investir vous-même vous mentent. Tout le monde est capable d'apprendre et d'investir tout seul en crypto.

LES OUTILS DE LA CRYPTO

10

On me demande très souvent quels sont les outils que j'utilise pour effectuer mes recherches sur le marché crypto. Et comme je ne suis pas toujours avec toi pour le faire, je te donne mes sources pour que tu puisses jeter un œil à tout ça en mon absence !

POUR CONNAÎTRE LES INFORMATIONS PRINCIPALES SUR LES CRYPTOS

CoinMarketCap : CoinMarketCap est un site web qui fournit des informations sur les prix, la capitalisation boursière et les volumes de négociation de différentes cryptos. Il permet également de suivre l'évolution du marché de la crypto en général et de comparer les différentes cryptos.

TradingView : TradingView est une plateforme de visualisation de données financières qui permet de suivre et d'analyser les mouvements de prix des cryptos. Elle offre également des outils d'analyse technique tels que des graphiques avancés, des indicateurs et des alertes.

CoinGecko : CoinGecko est un site web qui fournit des informations sur les prix, la capitalisation boursière et la liquidité de différentes cryptos. Il permet également de suivre l'évolution du marché de la crypto en général et de comparer les différentes cryptos.

- # **CryptoCompare :** CryptoCompare est un site web qui fournit des informations sur les prix, la capitalisation boursière et les volumes de négociation de différentes cryptos. Il permet également de suivre l'évolution du marché de la crypto en général et de comparer les différentes cryptos.

LES CHOSES À SURVEILLER SUR LES CRYPTOS

- # **La capitalisation boursière :** la capitalisation boursière d'une crypto est le montant total de tous les jetons en circulation multiplié par leur prix. Elle donne une indication de la valeur de la crypto sur le marché et peut être utilisée pour comparer la crypto à d'autres actifs.
- # **Le prix :** le prix d'une crypto est le montant auquel elle est échangée sur les différents marchés. Il peut fluctuer en fonction de l'offre et de la demande et peut être influencé par de nombreux facteurs tels que l'actualité, les annonces de développement, etc.
- # **Les volumes de négociation :** les volumes de négociation d'une crypto sont le nombre de jetons qui ont été échangés sur les différents marchés sur une période donnée. Ils peuvent être utilisés pour évaluer la popularité et la liquidité de la crypto.
- # **Les indicateurs techniques :** les indicateurs techniques sont des outils qui permettent d'analyser l'évolution des prix de la crypto sur un graphique. Ils peuvent inclure des moyennes mobiles, des bandes de Bollinger, etc. et peuvent être utilisés pour détecter des tendances.

POUR VISUALISER L'ÉTAT DU MARCHÉ

Pour analyser l'état de peur du marché : Fear & Greed Index

Est-ce que les gens qui achètent et vendent des cryptos ont confiance dans le marché ? Plus ils ont peur, plus ils vendent, plus les prix baissent, et inversement.

Plus le chiffre se rapproche de zéro, plus on est dans la peur.

Pour savoir si le bitcoin continue de suivre le plan : le Bitcoin Rainbow Chart

Tant que le bitcoin se situe à l'intérieur de l'arc-en-ciel, il suit la même croissance, on l'a vu en sortir brièvement en 2014 à la hausse et 2020 à la baisse. Super utile pour prendre du recul, je trouve (même si on ne peut pas prévoir l'avenir).

Pour suivre l'état du marché côté prix : la heatmap

Bon ben moi je te laisse avec un bitcoin à 20k$ et un ether à 1k$, tu me diras si ça a changé pour cette semaine !

Pour suivre le meilleur et le pire de la croissance : Crypto Bubbles

Ça ressemble à ça :

POUR TRACKER LES ARNAQUES

La liste noire de l'AMF

Tu as IsThisCoinAScam

CRYPTO BUBBLES
TOP 100
$ USD
Capitalisation + Semaine
GMX
GMX = 40,52 $
Rank
92
Capitalisation
323,81 M $
24h Volume
7,74 M $
SEMAINE
Heure
Jour
Semaine
Mois
Année
FTT
-54,7%
TWT
+94,4%
GMX
+19,2%
MANA
MKR
SOL
-23,7%
CSPR
-20,4%
SHIB
XEC
OSMO
ETC
SNX
MINA
CAKE
APT
HNT
GRT
TRX
VET
XLM
FTM
XTZ
LRC
KLAY
BAT
KAVA
BNB
ENJ
LUNC
SAND
MV
DASH
HEX
BTT
↓ Recherche + Liste ↓

SE FAIRE UN AVIS SUR LES SHITCOINS

Je m'étais toujours dit : « les shitcoins c'est mal ! » Parce que le nom de cette catégorie de cryptos c'est littéralement : des cryptos de merde. Donc ça ne m'a pas aidée à trop m'y intéresser.

Mais en même temps... Ce qui est assez bon pour qu'Elon Musk tweete dessus toute la journée est forcément assez bon pour que je creuse le sujet pour t'en parler.

Donc maintenant on va faire un tour d'horizon de ces cryptos les plus explosives, celles qui font couler le plus d'encre et déchaînent les passions.

11

C'EST QUOI UN SHITCOIN ?

Je me souviens de la première question que je me suis posée en entendant ce nom : c'est le nom d'une crypto, ou d'une catégorie de crypto ?

En fait on va appeler comme ça toutes les cryptos qui, pour se créer, vont juste faire un copier-coller du code d'une autre crypto. Sans l'améliorer. Et sans que cette crypto apporte une valeur ajoutée particulière.

Tu ne me suis plus ? Ne t'inquiète pas, c'est normal. Tu te rappelles qu'une crypto c'est une monnaie que tu peux échanger grâce à un algorithme (des lignes de code) qui remplace le travail de la banque (en gros).

Donc il y a **deux choses :**

1 Est-ce que l'algorithme est bien écrit ?

Est-ce qu'il prend en compte tous les cas d'utilisation de cette crypto ? Est-ce qu'il n'y a pas de faille dans le code qui permette à un type de voler ces cryptos ? En résumé : on veut savoir si la maison est faite en paille ou en béton armé.

Donc tu es un shitcoin si tu as une crypto écrite (codée) avec une technologie de merde.

Mais ça c'est assez rare, car tu te rappelles que le code de la plupart des cryptos est open source. C'est comme si à l'époque de ma startup, je mettais le code qu'on avait créé pour analyser nos données en libre accès et que tout le monde, y compris nos concurrents, pouvait juste faire un copier-coller pour l'utiliser.

Bref, tout ça pour dire : du coup, les shitcoins, ils vont juste récupérer le code du bitcoin, trouver un nom et dire : voilà une nouvelle crypto !

2 Est-ce que la crypto est utile ?

Une nouvelle monnaie juste pour une monnaie ça intéresse qui ? Personne. Donc il faut trouver un stratagème pour qu'elle soit utile. La meilleure solution c'est que pour utiliser un service dont tu as besoin, tu ne puisses pas faire autrement que payer avec cette crypto.

Imagine que pour payer ton abonnement Internet, tu sois obligé d'utiliser la crypto NET *(c'est un nom has-been, mais fais abstraction)*, parce que tous les fournisseurs Internet n'acceptent plus que ça.

Bon, ben cette crypto a priori elle vaudra beaucoup. Donc il faut créer un produit ou service que les gens voudront mais qu'ils ne pourront payer qu'avec ta crypto. Le bitcoin par exemple, a été créé pour améliorer la finance décentralisée en supprimant notre dépendance à une autorité centrale (passer par les banques). C'est sa valeur ajoutée et c'est parce qu'on croit à ce projet qu'on détient du bitcoin et qu'on ne le vend pas à chaque variation de son prix. Un shitcoin n'a pas d'objectif clair qui lui permette de supporter les variations du cours.

Alors tu es aussi un shitcoin si tu as une crypto sans projet. Tu dois apporter de la valeur à l'écosystème crypto grâce à un service que les gens trouveront utile. Si ce n'est pas le cas, tu viens juste encombrer le système ou pire, c'est que tu essaies d'en profiter pour en tirer un avantage personnel au détriment des autres.

DONC

ON APPELLE
SHITCOIN,

LES CRYPTOS QUI SONT DITES
«INUTILES»

?

INUTILES… INUTILES… OUI MAIS !

On peut gagner pas mal d'argent avec non ? Dans quelles conditions tu peux gagner beaucoup d'argent avec ?

On a établi qu'un shitcoin n'est pas là pour apporter de la valeur à l'écosystème. Ceux qui la créent ne le font pas pour rien pour autant, s'ils ne veulent pas changer le monde, ils veulent au moins devenir riches.

Eux possèdent une grande partie de leur crypto. Et il faut que sa valeur augmente pour qu'ils gagnent de l'argent.

La façon naturelle serait d'avoir un jeu, une app, un service qui fasse que les gens ont besoin de cette crypto pour l'utiliser. Et que la croissance d'adoption du produit fasse mécaniquement augmenter la valeur de cette crypto (ou d'avoir des innovations technologiques dans le code).

Comme ils n'ont pas de service, ils utilisent autre chose.

LA SPÉCULATION

En gros, au lancement de la crypto, les fondateurs font beaucoup de bruit pour donner à penser que ça va être une révolution. Tout en restant assez vague sur le projet qui est porté (car il n'y en a pas).

Si on regarde les courbes de la croissance de majorité des shitcoins, on se rend compte qu'elle ne bouge pas par l'augmentation de l'adhésion au projet, par l'amélioration d'une techno ou autre, mais par la spéculation. À chaque tweet d'Elon Musk, le shitcoin concerné prend 15 ou 30 % de valeur, puis baisse dans les jours qui suivent. Et ça illustre exactement le mécanisme de la spéculation :

1. **Médiatisation : il se passe un évènement (ni lié au projet ni à la techno) qui fait du bruit et médiatise la crypto.**
2. **Investissement : les gens investissent sur la seule base de cette communication et ça fait augmenter le prix en flèche.**
3. **Vente* : les spéculateurs en profitent pour vendre leur crypto à un prix plus élevé. Donc son prix baisse.**
4. **Désintérêt : comme il n'y a pas de réel projet derrière, plus personne ne s'y intéresse.**

*Dans le cas d'une crypto avec un projet, la majorité des gens vont acheter de cette crypto car ils croient que le projet est utile. Ils vont donc garder de la crypto, même si son prix monte. Moi je ne vais pas vendre mes bitcoins si le prix prend 30 % suite à un tweet, car je pense que le projet bitcoin portera la crypto beaucoup plus loin.

En gros un shitcoin, tu peux l'utiliser pour faire de la spéculation, mais ce n'est pas une crypto que tu gardes dans tes petites affaires pour des mois et des années sans regarder son prix.

TU GAGNES DANS QUEL CAS ?

Quand c'est toi le spéculateur

Quand tu surfes sur une vague. Donc tu as acheté un shitcoin et coup de chance, un mec célèbre en parle dans la presse et toi tu revends à +30 %. Ça marche aussi mais c'est moins cool : des personnes relayent des fausses infos sur la crypto pour faire augmenter son prix et toi tu le vois à temps et tu revends. Risqué.

Le cas du XVG : il y a un débat sur cette crypto car certains disent shitcoin, et d'autres non. Moi je ne vois pas son intérêt à part le transfert d'argent donc je dirais plutôt shitcoin. Bien, à son lancement il y a eu une sur-médiatisation et boom +8 000 % de croissance. Tu imagines.

Tu t'es dit, ok je vais mettre 100€ on ne sait jamais, d'un coup tu en as 8 000€. Après, si tu n'as pas revendu de suite, tu te retrouves avec 100€ de nouveau quelques semaines plus tard.

Quand le shitcoin n'est pas un shitcoin

Tu l'as acheté et finalement il apporte après-coup une valeur au système. Elon Musk tweete particulièrement sur deux shitcoins célèbres : le Dogecoin et le Shiba, dont j'ai l'impression qu'ils ne sont plus des shitcoins à proprement parler car ils ont commencé à avoir de vrais projets. Ils sont juste arrivés longtemps après leur création. Je ferai un focus sur ces deux cryptos probablement la semaine prochaine car il y a beaucoup à dire.

Dans ces deux cas, tu peux avec un minimum d'argent obtenir beaucoup. Mais tu te rends compte comme le truc n'est pas prévisible. C'est gagner contre le casino.

Ça peut être une catégorie d'investissement dans ton plan.

Une catégorie que tu vas suivre de plus près.

RECONNAÎTRE UN SHITCOIN

Pour les reconnaître tu peux retenir :

Pas de projet clair

Le *white paper* c'est le document qui explique le projet de la crypto. Donc, soit tu ne comprends pas le *white paper* (car non tu n'es pas bête, si tu ne comprends pas, il y a des chances que ça soit de la merde), soit il n'y a pas de *white paper*.

Des développeurs anonymes

Les fondateurs des cryptos sont toujours les développeurs, et s'afficher publiquement est un élément important de confiance. Un mec qui ne dit pas qui il est a plus de chances d'escroquer les autres.

Un site web louche

Le projet a de grandes ambitions mais aucune idée de comment les réaliser, pas de fonctionnalités définies, un site nul, des fautes d'orthographe. Si ça ressemble à ton rapport de fin de stage de 3e c'est mauvais signe.

Les chiffres

Pour que tu le saches, une crypto saine doit être possédée par minimum 300 personnes différentes. En deça, c'est forcément un shitcoin ou une vraie arnaque.

Tu peux aussi vérifier qu'il y a au moins 5 à 10 transactions qui sont faites dans cette crypto à la minute et qu'il y a au moins 30k$ de liquidité.

Bon, ben je crois qu'avec ça, on a commencé à faire le tour de la question pour que tu puisses ou non décider d'en intégrer dans ton plan d'investissement.

COMPRENDRE LES USAGES ÉCO & PRO

RETOUR VERS LE FUTUR

C'EST QUOI UNE DAO ?

Tu sais ce que je déteste le plus au monde ? C'est la bureaucratie, les enjeux de pouvoir qu'il faut maîtriser au plus haut niveau pour te faire entendre, les égos qu'il faut ménager pour pouvoir évoluer. Je dé-teste.

Et en plus, je suis assez nulle à ce jeu... Tu te demandes pourquoi je te raconte ça ? C'est parce qu'on va parler d'un type d'organisation crypto qui permet de résoudre ce problème.

1

TU M'EXPLIQUES LA DAO DU COUP ?

Pour commencer, j'ai envie de te demander si tu es content que je te parle d'un sujet en employant des acronymes bien relous comme DAO ? En plus, tu vas rire, mais comme d'habitude, le nom complet et bien pire : *Decentralized Autonomous Organization.*

En fait c'est juste une entreprise (*organization*) qui fonctionne de manière autonome, sans avoir besoin d'une intervention humaine (*autonomous*) grâce aux *smart contracts*, ces algorithmes magiques de la blockchain (et qui dit blockchain, dit *decentralized*) ! Voilà !

Le principe de cette organisation, c'est :

- # **qu'elle n'est pas corruptible ;**
- # **qu'elle n'a pas d'enjeux d'égos ;**
- # **que ses règles sont visibles et non modifiables dans la blockchain ;**
- # **qu'elle appartient aux personnes qui ont aidé à la créer ou à la financer, grâce aux fameux jetons de gouvernances !**

COMMENT ÇA FONCTIONNE CONCRÈTEMENT ?

Pour bien comprendre, il faut que tu imagines une entreprise dont les règles de fonctionnement sont déjà rédigées et qui s'appliquent automatiquement quand les conditions spécifiées dans le code sont réunies.

Par exemple, dans ma première boîte, pour augmenter mon salaire, il était écrit dans notre pacte d'associé (c'est un peu le code d'une entreprise) que je pouvais le faire quand le CA dépassait 200k, mais que je devais en informer mes actionnaires.

Et le jour où j'ai voulu le faire il s'est passé quoi ? Ils ont tous râlé et m'ont demandé d'en discuter pour valider ça ensemble. Théoriquement, je n'étais pas obligée de le faire, mais ils me mettaient une pression psychologique pour que je craque.

Dans le cas d'une DAO, du moment que les conditions

« + de 200k de CA » et

« informer les actionnaires »

étaient validées, le salaire aurait été automatiquement changé et rien ni personne n'aurait pu y faire quoi que ce soit.

LA LIBERTÉ DE LA DAO

Ce que je trouve hyper intéressant à noter c'est que, du coup, la DAO ne peut pas être soumise à des emprises illégitimes, qu'elles soient :

Internes : il ne peut pas y avoir de retard de paiement car le comptable avait la tête ailleurs ou de décision non stratégique prise car une personne œuvre dans son propre intérêt et non celui de la structure.

Externes : même si tout le monde meurt, tant que les conditions sont remplies, l'entreprise tournera, aucun événement extérieur ne peut entraver son fonctionnement.

L'HISTOIRE À CONNAÎTRE SUR LA PREMIÈRE DAO

Il était une fois, il y a fort fort longtemps (en fait, en 2016), dans le lointain pays de la blockchain Ethereum (je ne sais pas si je vais pouvoir continuer longtemps comme ça) vivait le projet The DAO. Ce projet était exactement comme un fonds d'investissement crypto totalement autonome. C'est tellement cool, j'ai trop hâte de t'expliquer.

Donc il y avait l'organisation qui fonctionne toute seule, avec les règles de l'organisation écrites dans la blockchain à base de *smart contract*. Mais elle faisait quoi ?

Eh bien des gens venaient y déposer de l'argent qu'ils échangeaient contre des jetons de gouvernance DAO et devenaient donc des actionnaires de la boîte (ok, de la DAO). Ensuite, ils votaient pour financer des projets cryptos qui avaient besoin de financement en évaluant les risques et les récompenses associés. Quand ils se sont lancés, le truc était tellement innovant et cool qu'en à peine 4 semaines ils ont réussi à obtenir 160M$! Tu le sens que ça va mal se terminer comme histoire ? Moi aussi…

Quelques semaines après, il y a un gars qui a repéré une faille dans le code et qui a réussi à voler 50M$. Le projet a été abandonné. Mais qu'est-ce qui en est ressorti, Caro ? (Ben oui puisque j'ai commencé par « il était une fois », je saiiiis que je dois te partager une morale.)

Eh bien, cette histoire a eu un impact hyper fort sur tout l'écosystème et c'est justement après tout ça que la sécurité et l'audit du code sont devenus l'une des priorités de l'univers crypto. Et je ne sais pas si tu te rappelles des enjeux à cette époque, mais la grande mode c'était les ICOs et bien juste avant les ICOs c'était les DAOs, mais bon, ce truc a quand même refroidi tout le monde sur le sujet pendant pas mal de temps.

LES DAOS QUI EXISTENT

Toi, je le sens, tu veux des exemples de DAOs qui existent à ce jour :

- **Tezos : c'est une blockchain qui a, dans son protocole, prévu des opérations pour s'adapter tout seul. Pour les opérer, elles doivent être proposées et votées par les détenteurs du tezos.**
- **Nexus Mutual : c'est une coopérative d'assurance dont la gestion des sinistres est automatisée par des *smart contracts*.**
- **Compound : c'est une DAO de farming !**
- **MakerDAO : c'est une DAO qui a créé une stablecoin (une crypto qui est liée à la valeur d'une devise fiduciaire, comme le dollar américain) appelée Dai. La stablecoin Dai est gérée de manière autonome par un *smart contract* et est destinée à être utilisée comme une monnaie stable et fiable dans le monde des cryptos.**

LE PROBLÈME DE GOUVERNANCE

Tu sais pourquoi sur un bateau il n'y a qu'un seul capitaine et dans l'avion un seul pilote en chef ? Car il y a eu énormément d'accidents liés au fait qu'aucune des deux personnes ne prenaient la responsabilité de choisir et d'agir. Personne ne faisait rien et ça donnait lieu à des désastres.

Avec la DAO c'est un peu pareil, c'est censé être géré de façon démocratique, mais dans la pratique ce n'est pas aussi facile. Il peut y avoir des conflits d'intérêts entre les différents membres d'une DAO, ou il peut être difficile de prendre des décisions en raison de l'absence de quorum.

Colony : c'est une plateforme de travail décentralisée qui utilise une DAO pour gérer la distribution des récompenses et la prise de décision au sein de la communauté. La plateforme vise à créer un nouveau modèle de travail basé sur la collaboration et l'autonomie.

MetaCartel est une DAO créée par des membres de la communauté Ethereum pour financer des projets et des initiatives axés sur la blockchain Ethereum.

LES MÉTIERS EN CRYPTO

Il existe plusieurs métiers dans le domaine de la cryptographie et de la crypto.

2

- **Développeur de logiciels de crypto :** ce professionnel est chargé de développer et de maintenir le logiciel qui permet de créer et de gérer les transactions en crypto.
- **Analyste de crypto :** cette personne est responsable de surveiller les marchés de la crypto et de fournir des conseils et des prévisions sur l'évolution des différentes monnaies.
- **Mineur de crypto :** un mineur utilise son ordinateur pour résoudre des problèmes mathématiques complexes et ainsi valider les transactions en crypto. En échange de cette activité, il reçoit une récompense sous forme de crypto.
- **Expert en sécurité de la crypto :** ce professionnel s'assure que les systèmes de crypto sont sécurisés et protégés contre les cyberattaques.
- **Conseiller en crypto :** cette personne aide les individus et les entreprises à comprendre le fonctionnement de la crypto et à décider comment l'utiliser dans leurs activités financières. Il existe bien d'autres métiers dans le domaine de la crypto, cette liste n'est pas exhaustive.

I JUST WANT TO
DRINK COFFEE
CREATE STUFF
AND SLEEP

Il est difficile de prédire avec certitude quels métiers seront le plus impactés par l'arrivée de la crypto, car cela dépend de nombreux facteurs qui peuvent évoluer rapidement. Cependant, il est probable que certains métiers qui sont étroitement liés aux services financiers traditionnels, tels que les banquiers et les courtiers, soient touchés par l'adoption croissante de la crypto. De même, les professionnels qui s'occupent de la gestion de l'argent, tels que les gestionnaires de fortune ou les conseillers en investissement, pourraient être impactés par l'arrivée de la crypto et devront peut-être s'adapter pour rester pertinents sur le marché.

Il est important de noter que, bien que l'arrivée de la crypto puisse avoir un impact sur certains métiers, elle peut également en créer de nouveaux, tels que ceux mentionnés précédemment (développeur de logiciels de crypto, analyste de crypto, mineur de crypto, expert en sécurité de la crypto, etc.). En fin de compte, l'impact de la crypto sur les métiers dépendra de la façon dont elle sera adoptée et utilisée par les individus et les entreprises.

LES ÉCOLES

Il existe plusieurs écoles et universités qui proposent des programmes de formation spécialisés dans le domaine de la crypto et de la technologie de la blockchain. Voici quelques exemples :

- # **Université de Nicosie (Chypre) :** cette université propose un programme de maîtrise en science des technologies de la blockchain qui couvre les concepts clés de la crypto et de la technologie de la blockchain.
- # **Université de Stanford (États-Unis) :** l'université de Stanford propose un cours en ligne intitulé « Crypto et sécurité de l'Internet » qui explore les principes de base de la cryptographie et de la sécurité en ligne.
- # **Université de Waterloo (Canada) :** cette université propose un programme de baccalauréat en informatique avec une option en technologie de la blockchain qui enseigne aux étudiants les concepts clés de cette technologie.

Mais aussi en France :

- **École 42 :** cette école de formation en informatique, sans professeurs ni cours, créée par Xavier Niel propose un parcours de formation en développement de blockchain.
- **HEC Paris :** cette école de commerce propose un programme de formation en ligne intitulé « Blockchain Strategy » qui enseigne aux participants les concepts clés de la technologie de la blockchain et comment l'utiliser pour créer de la valeur dans leur entreprise.
- **Université de Rennes 1 :** l'université de Rennes 1 propose un master en science des technologies de l'information avec une spécialisation en technologie de la blockchain qui enseigne aux étudiants les concepts clés de cette technologie et comment l'appliquer à différents domaines.
- **École Centrale de Lyon :** cette école d'ingénieurs propose un master en génie informatique avec une option en technologie de la blockchain qui enseigne aux étudiants les concepts clés de cette technologie et comment la mettre en œuvre dans différents domaines.

IMMOBILIER & CRYPTO

Il y a deux ans, un mec que je connais s'est acheté un super appartement à Paris. Il a payé une partie de l'acompte en crypto et il a utilisé le reste de ses cryptos comme collatéral pour obtenir un énorme crédit. Absolument choquée de savoir que tu pouvais faire ça.

Et, en réalité, toi et moi on ne peut pas vraiment. Lui, il est immensément riche, donc sa banque ne le traite pas comme toi et moi, et pourtant il a tellement galéré à obtenir ce prêt avec ses cryptos. Bref, tout ça pour dire que bientôt, on pourra vraiment considérer nos investissements en crypto comme des supports à d'autres investissements de type immobilier.

Mais l'immobilier crypto ça n'est pas seulement payer un appartement en crypto, ça peut être plein d'autres choses.

3

COMMENT ACHETER UN APPARTEMENT EN CRYPTO ?

Oui, on l'a vu, tu peux acheter un appartement en utilisant des cryptos mais en réalité ça reste assez rare. Il existe plusieurs façons de le faire.

L'une des approches consiste à utiliser une plateforme de tokenisation de l'immobilier qui permet aux propriétaires de biens immobiliers de fractionner la propriété de leur bien en parts plus petites et de les vendre sous forme de jetons numériques sur la blockchain.

Les acheteurs peuvent alors acheter ces jetons avec des cryptos.

LA BLOCKCHAIN, UNE RÉVOLUTION DES MÉTIERS DE L'IMMOBILIER

La blockchain permet de réaliser des transactions, de certifier les informations, d'automatiser la rémunération des différents intervenants et de créer des contrats. Les échanges réalisés à l'intérieur sont en *peer-to-peer*, chaque maillon de la chaîne étant à la fois le client et le serveur.

De cette manière, ce système permet à chacun de vérifier le bien-fondé des données contenues dans les blocs. Une fois déposé, le contenu, reposant sur une méthode de cryptage, interdit toute modification des informations. La blockchain est un registre décentralisé et sécurisé qui peut être utilisé pour enregistrer et suivre les transactions de manière transparente et infalsifiable.

Dans le secteur de l'immobilier, l'utilisation de la blockchain peut être intéressante pour plusieurs raisons :

Gestion des titres de propriété

La blockchain peut être utilisée pour enregistrer et suivre les titres de propriété de manière sécurisée et infalsifiable. Cela peut aider à prévenir les fraudes immobilières et à rendre les transactions plus efficaces.

Gestion des contrats et des documents

La blockchain peut être utilisée pour stocker et suivre les contrats et autres documents liés aux transactions immobilières de manière sécurisée et infalsifiable. Cela peut aider à éviter les pertes de documents et à accélérer les processus de transaction.

Paiements

La blockchain peut être utilisée pour effectuer des paiements en temps réel, ce qui peut être particulièrement utile dans le secteur de l'immobilier où les montants peuvent être importants.

Gestion de l'inventaire

La blockchain peut être utilisée pour suivre et gérer l'inventaire de biens immobiliers de manière efficace et transparente.

QUELQUES EXEMPLES

Voici quelques exemples d'utilisation de la blockchain dans le secteur de l'immobilier qui ont effectivement été réalisés :

Propy

Propy est une plateforme de gestion de la propriété immobilière qui utilise la blockchain pour enregistrer les transactions immobilières et automatiser les processus de vente et de location grâce à l'utilisation de *smart contracts*.

ShelterZoom

ShelterZoom est une plateforme de négociation immobilière qui utilise la blockchain pour permettre aux acheteurs et aux vendeurs de soumettre et de finaliser des offres de manière sécurisée et transparente.

Arianee

Arianee est une plateforme de tokenisation de l'immobilier qui permet aux propriétaires de biens immobiliers de fractionner la propriété de leur bien en parts plus petites et de les vendre sous forme de jetons numériques sur la blockchain.

Ubitquity

Ubitquity est une plateforme de gestion de l'historique de l'immobilier qui utilise la blockchain pour enregistrer et suivre les transactions immobilières, ce qui permet de disposer d'un registre de propriété fiable et immuable.

Blockimmo

Blockimmo est une plateforme de tokenisation de l'immobilier qui permet aux propriétaires de biens immobiliers de fractionner la propriété de leur bien en parts plus petites et de les vendre sous forme de jetons numériques sur la blockchain.

La blockchain est utilisée dans le secteur de l'immobilier dans de nombreux pays à travers le monde. En général, l'utilisation de la blockchain dans le secteur de l'immobilier consiste en la création de plateformes qui utilisent la technologie de la blockchain pour automatiser les processus de vente et de location, enregistrer les transactions immobilières et fractionner la propriété de biens immobiliers en parts plus petites.

SPORT & CRYPTO

Le seul sport que moi je fais c'est de la dynamo, mais ça ne m'a pas empêchée de remarquer que s'il y a bien un secteur dans lequel la crypto s'est développée c'est bien le sport !

4

LE SECTEUR SPORTIF COMME INDICE DE CROISSANCE DES CRYPTOS

Toi et moi on est des investisseurs cryptos, et donc il y a deux choses qu'on va essayer de suivre :

1. Quel est le prix des cryptos ?
2. Quelle est l'adoption des cryptos ?

Je t'en parle souvent, mais concernant les prix des cryptos on n'est déjà pas aidé car les médias disent que c'est de la folie quand ils sont hauts et qu'elles sont finies quand ils sont bas. Mais nous on sait que le comportement d'un investisseur qui gagne de l'argent c'est celui qui achète quand c'est bas et qui vend quand c'est haut.

Mais pour investir quand les prix sont bas, il faut des indicateurs forts montrant qu'ils vont remonter. Et c'est justement pour ça qu'on est très intéressé de connaître l'adoption des cryptos.

Ça veut dire quels sont les usages concrets qu'on fait de la crypto et s'il y a un développement de ces usages.

Car c'est génial que la blockchain et les cryptos permettent de réinventer un système financier qui se passe d'intermédiaire : c'est ce qu'on appelle la finance décentralisée.

Mais c'est loin d'être suffisant si on veut que les cryptos se développent réellement auprès du grand public. Pour ça, il est important qu'elles nous offrent des utilisations concrètes et des avantages réels. Et je trouve que le comportement des acteurs cryptos dans le secteur sportif sont un super indice d'adoption. Rien que sur ce secteur, on voit fleurir les projets ayant un véritable impact sur les utilisateurs.

C'est donc en tant qu'investisseurs cryptos consciencieux qu'on va se plonger ensemble dans les usages de la crypto dans le sport.

Déjà le premier truc qu'on ne peut pas louper c'est à quel point le secteur crypto compte sur le sport pour toucher le grand public via la publicité.

T'as pas dû passer à côté du fait que crypto.com a sponsorisé la coupe du monde ? On les voyait partout. Clairement pour cette boîte : un événement aussi important que la coupe du monde est un excellent moyen d'atteindre le grand public.

Mais il n'y a pas que ça. On a aussi vu Ronaldo, Mike Tyson, Pacquiao, O'Neal, Owen, faisant des pubs pour des projets cryptos.

COMMENT ON UTILISE LA CRYPTO DANS LE SPORT ?

En cherchant bien, j'ai trouvé cinq exemples intéressants de choses qui ont déjà été mises en place dans le secteur. Bon, on ne va quand même pas se mentir, à ce stade, ça reste des expérimentations plutôt que des habitudes du marché, mais c'est comme ça que ça commence !

Les contrats de sponsoring

Tu te rappelles Tony Parker qui nous parle des Kinder Bueno ? Moi je peux te dire que je m'en souviens encore. Ben c'est juste pour te rappeler que les sportifs ils font très souvent du sponsoring pour gagner de l'argent.

Eh ben en 2018, Lionel Messi (le footballer au cas où il y a des gens encore moins calés que moi en foot), a signé un contrat de sponsoring avec une boîte crypto qui s'appelle Sirin Labs. Le contrat et le paiement étaient gérés sur la blockchain. Si tu te demandes à quoi ça sert, en gros avec un contrat tu peux toujours te faire arnaquer car pour le faire respecter il faut de toute façon aller en justice, ça coûte cher, il faut réunir des preuves et ça prend du temps.

Mais un contrat sur la blockchain ça veut dire que du moment où le job a été réalisé, le paiement part automatiquement sans que personne ne puisse rien y faire. Et ça c'est cool, même pour un mec aussi riche que Messi.

Les droits de diffusion

Tu sais comment ça marche dans le sport (moi je l'ai appris assez tard) mais en fait c'est comme pour une série. Genre ceux qui organise la coupe du monde vont passer par un gestionnaire de droits de diffusion qui va aller voir les différentes chaînes pour négocier qu'elles paient pour avoir le droit de diffuser les matchs.

C'est un peu la roulette russe d'ailleurs car quand les chaînes françaises achètent à prix d'or les droits de diffusion de la prochaine coupe, ben si la France est éliminée trop vite, elles y perdent carrément en retour sur investissement.

Bref, tout ça pour dire qu'en 2021, il y a une boîte qui s'appelle Sportradar qui est gestionnaire de droits de diffusion qui a utilisé la blockchain pour gérer les droits de la ligue des champions.

Le paiement des salaires

Déjà en 2018, il y a eu un gros tournoi de boxe organisé à Moscou par Eddie Hearn au cours duquel tous les boxeurs étaient payés en bitcoin. Et plus récemment il y a l'équipe de basket, les Kings de Sacramento qui ont une partie de leur salaire payé en bitcoin et aussi le joueur de foot américain Russell Okung qui a été le premier sportif payé en bitcoin pour son salaire de joueur pro.

La vente de produits dérivés

En 2020, le club de football de l'Atlético de Madrid a annoncé qu'il acceptait les cryptos comme moyen de paiement pour la vente de billets de match et de souvenirs.

Les paris sportifs

En 2019, la NBA a lancé une plateforme de paris sportifs basée sur la blockchain appelée « NBA Top Shot », qui permet aux fans de miser sur des moments clés de la saison de basketball en utilisant une crypto, « le moments ».

S'il y a bien un usage qui est répandu dans ce secteur, ce sont les paris sportifs. Et s'il y a bien un sujet sur lequel la blockchain est la bienvenue pour apporter un souffle de transparence, c'est celui-ci. J'ai réfléchi à tout ce que pouvait apporter la blockchain par rapport au système classique. Et en réalité pour moi ce sont les mêmes que pour la banque :

- **de la transparence : les paris sont enregistrés dans un registre infalsifiable qu'on peut utiliser pour suivre en temps réel les mises et les paiements ;**
- **de la sécurité : les transactions sur la blockchain sont a priori plus sécurisées que les transactions classiques. C'est un avantage pour les parieurs qui voudraient protéger leur vie privée et leurs informations financières ;**

- de la rapidité : les transactions via la blockchain sont plus rapides et c'est pratique si on considère les parieurs en temps réel.

J'ai trouvé quelques sites de paris qui utilisent la blockchain :

- Augur : tu paries avec de l'ether dessus.
- Wagerr : tu paries avec le WGR, leur propre crypto.
- Bet on Chart.

Mais comme on ne va pas compter sur les paris sportifs pour gagner de l'argent (non vraiment pas), je sais que tu te demandes encore comment utiliser ce secteur pour éventuellement gagner de l'argent.

J'ai l'habitude de tes questions à force.

COMMENT GAGNER DE L'ARGENT AVEC TOUT ÇA ?

Alors voici 3 idées auxquelles j'ai pensé si tu aimes un peu le sport et un peu gagner de l'argent :

1. INVESTIR DANS LES CRYPTOS LIÉES AUX ÉQUIPES SPORTIVES

Je m'explique. C'est un peu comme investir dans une entreprise figure-toi. Certaines équipes ont créé leur propre crypto. En général elles permettent d'acheter des billets de matchs, des produits dérivés ou carrément des parts de l'équipe. Et en toute logique, si ton équipe chérie fait de la croissance ben leur crypto augmente aussi et toi tu gagnes de l'argent du coup. En plus, ça permet aux clubs de lever des fonds plus facilement, de manière décentralisée.

Le site que je connais qui fait ça s'appelle Socios.com et la crypto du site s'appelle le chiliz. J'aime vraiment bien le concept du truc, si j'étais fan de sport je crois que je m'y intéresserais de près.

2. INVESTIR DANS LES PROJETS CRYPTOS LIÉS AU SPORT

Il en existe plein et s'ils sont de plus en plus utilisés, leur crypto prendra certainement de la valeur. Il existe des plateformes de streaming de sport décentralisées, des plateformes de billetterie basée sur blockchain, ou encore les plateformes de collecte de fonds pour les sportifs.

Ces projets permettent de révolutionner les relations entre les clubs, les supporters, les sponsors et les diffuseurs tout en garantissant la transparence des transactions.

3. GAGNER DES CRYPTOS EN CRÉANT DU CONTENU SPORTIF

Il y a des plateformes en ligne qui récompensent les créateurs de contenu pour leur création sportive avec des jetons numériques. C'est un bon moyen pour les passionnés de sport de gagner de l'argent en partageant leur passion.

LEARN & EARN

Tu ne t'es jamais dit que tu devrais être payé pour me lire ? Après tout, c'est quand même grâce à toi que je gagne ma vie. Alors j'ai commencé à creuser ce sujet : est-ce que les cryptos nous permettent de gagner de l'argent en apprenant ?

5

L'INNOVATION D'UNE SOIRÉE DANSANTE

Je sais ce que tu te dis. C'est moi qui ai payé pour mes études, je ne vois pas pourquoi pour comprendre les cryptos ça serait différent.

C'est différent car c'est une innovation en cours d'adoption. Laisse-moi t'expliquer. Toute nouvelle idée est une innovation, soit elle se propage, soit elle disparaît. Quand elle se propage, elle suit généralement cette courbe. C'est le cas avec Internet par exemple.

En gros, il faut imaginer une soirée. Tu as d'abord un débile qui danse tout seul. Tout le monde le regarde en étant gêné ! À force d'insister il convainc un pote ou deux. Puis de plus en plus de gens se mettent à danser. Et à un moment, la moitié des gens dansent.

Le paradigme change. Ça devient gênant de ne pas danser. Le reste de la foule s'y met, même les derniers qui se planquent dans la cuisine.

C'est ce qui se passe avec chaque innovation. Au début, tout le monde s'en fiche. Genre vraiment. Il n'y a qu'une toute petite minorité qui regarde vite fait ce que c'est : les innovateurs. Ils en parlent autour d'eux et convainquent leurs potes, leurs familles, etc. : c'est ce que l'on appelle les *early adopters*. Puis de plus en plus de gens les rejoignent : la majorité précoce.

L'INNOVATION DU BITCOIN

On ne peut pas vraiment savoir combien de personnes utilisent le bitcoin. Mais on en a une bonne idée : environ 130 millions.

Loading...

Et justement, 130 millions, c'est exactement le nombre d'utilisateurs d'Internet en 1998. Soit dans sa première phase d'adoption : les innovateurs. Entre 98 et 2005, Internet est passé dans la phase 2 : celle des *early adopters.* On est passé de 130 millions d'utilisateurs à 1 milliard d'utilisateurs.

Donc si le bitcoin suit cette même courbe de croissance, voici ce qu'on peut espérer d'après les études de Michael J. Saylor :

- **1 milliard d'utilisateurs en 2030.**
- **2 milliards en 2035.**
- **3 milliards en 2038.**
- **4 milliards en 2041.**
- **5 milliards en 2045 (soit 65 % de la population mondiale).**

LE FUTUR PRIX DU BITCOIN

Je fais un petit aparté sur le prix du bitcoin s'il suit cette courbe car, je te connais, tu adores savoir ce que les analystes promettent pour l'avenir. Si le bitcoin devait atteindre le milliard d'utilisateurs d'ici 2030, il est probable que sa capitalisation boursière soit égale à celle de l'or qui est actuellement de 11,6 milliards $.

On peut faire des hypothèses sur son prix car on connaît le nombre approximatif de bitcoins qui sera en circulation à cette date, soit environ 20 585 millions d'unités.

À partir de cette hypothèse, on aurait un prix du bitcoin d'environ 563 000$. Après rien ne garantit que l'adoption du bitcoin continue à suivre la même courbe de l'adoption d'Internet dans les années à venir.

CHANGEMENT DE PARADIGME DE L'APPRENTISSAGE

Donc le bitcoin est dans la première phase d'adoption et ça, outre notre espoir qu'il suive la courbe d'adoption d'Internet, c'est aussi une bonne nouvelle pour l'apprentissage. Franchement, tu ne t'es jamais demandé pourquoi c'est toi qui paies pour apprendre des choses ? On paie pour nos écoles de commerce ou la fac, pour obtenir des compétences qui seront utiles aux entreprises qui nous emploieront.

On investit sur nous en fait. On paie pour qu'on nous permette d'utiliser un savoir et le valoriser à notre tour. Bon, ça, c'est le fonctionnement classique dans une économie établie où même la majorité tardive est consciente que ce savoir est précieux.

Sauf que ça ne marche pas tout à fait comme ça dans les secteurs innovants.

Par exemple, j'ai des copains qui avaient monté une boîte. Leur business c'était de paramétrer des logiciels Salesforce dans les entreprises. Ils facturaient super cher mais ils étaient en galère car personne n'a cette compétence. Résultat, ils recrutaient des gens et ils les formaient eux-mêmes pour pouvoir avancer. C'est ce que font toutes les entreprises. Bon, maintenant est-ce que tu arrives à voir un secteur dans lequel on a à la fois besoin d'évangéliser un marché mais aussi d'avoir un maximum de compétences ?

LES CRYPTOS EN PHASE 1 DE DÉCOUVRABILITÉ

C'est un secteur qui pousse au maximum à la décentralisation et cela veut dire qu'on a besoin qu'énormément de gens différents et autonomes comprennent ce qui se passe. Et on a aussi besoin que le grand public puisse s'intéresser au sujet pour faire grandir cette nouvelle forme d'économie.

Ça, c'est parce qu'on est encore dans la phase 1 de la découvrabilité des cryptos. Et ce changement de paradigme où on doit convaincre des gens qu'ils doivent avoir ces connaissances fait que ce ne sont plus les clients des formations qui paient, mais les formateurs.

Ça ne peut exister que dans un marché émergent car très bientôt ce sera l'inverse. Oui, quand tout le monde dansera à la boom, il n'y aura plus personne pour essayer de te convaincre de t'intéresser au sujet !

Toujours est-il que j'ai trouvé un moyen de former des gens, tout en les engageant très fidèlement dans un projet, et de leur permettre de profiter de son évolution future.

LE *LEARN TO EARN*

En fait, c'est le fait de gagner de l'argent pendant que tu apprends.

\# ***Learn*** **: apprendre.**

\# ***Earn*** **: gagner.**

Par contre : te demander de suivre un cours, lire un document ou autre et te permettre de gagner de la crypto du projet quand tu le fais, ça c'est hyper utile.

Tu te formes, et en échange, tu gagnes de la crypto du projet. Donc, si le projet prend de l'ampleur, toi tu gagnes plus. C'est un excellent moyen de fidéliser tout en incitant à la démocratisation du sujet.

Alors je me suis penchée sur les programmes qui existent déjà sur le sujet.

COMMENT PEUX-TU GAGNER ?

Figure-toi que pour l'instant ils ne sont pas nombreux, mais je pense qu'ils vont se démocratiser dans les prochaines années avant de disparaître quand l'innovation sera globalement établie. J'ai trouvé 2 programmes :

\# **Le programme NEAR Club**
NEAR protocol est un réseau blockchain. Son but est que des gens créent des projets sur son réseau pour faire grossir l'écosystème. Pour cela, il forme des gens à devenir développeurs blockchain sur le NEAR. Ils offrent 500$ en NEAR pour ceux qui suivent leurs formations.

\# **Le programme de Binance Academy**
Tu trouves directement la liste des cours disponibles et combien tu peux gagner en les suivant. Pour en bénéficier, il faut avoir un compte Binance.

LES PLAY-TO-EARN

La première fois que j'ai entendu quelqu'un dire « Play-to-earn » (P2E), j'ai levé les yeux au ciel. Oui j'avoue. Car c'est trop énervant qu'on te parle d'un truc comme si c'était une évidence absolue alors que toi t'as même pas une vague idée de ce que ça signifie. Alors je te propose qu'on se glisse ensemble dans le terrier du lapin.

6

REVENONS DANS LE PASSÉ

Est-ce que tu as déjà fait la queue devant un magasin de gaming et dépensé 60€ pour un jeu ?

Moi oui, alors j'avoue, je suis assez mainstream, c'était principalement pour jouer à JustDance ou SingStar avec ma petite sœur ! Mais si je te raconte ça, c'est surtout pour te parler du modèle économique de ces jeux : le pay-to-play.

Le jeu payant quoi. Tu dépenses de l'argent pour avoir le droit de jouer au jeu.

On peut en distinguer deux types :

Achat unique : Moi quand j'étais petite je jouais à Rayman, ben je crois bien que ma mère avait dû payer pour le disque.

Abonnement : la notion de joueurs en ligne et d'abonnement a été une petite révolution dans ce milieu-là.

Ensuite, il y a eu de plus en plus de modèles **free-to-play.** Tu me suis toujours ? C'est gratuit pour jouer, mais si tu veux des trucs en plus, tu dois quand même payer en gros.

Les trucs en plus, ça va être des pouvoirs utiles, des objets ou des tenues. Des choses qui ne sont pas essentielles à la base, mais qui vont le devenir si tu aimes le jeu.

Comment le jeu se finance alors ?

- **En mettant des pubs dans le jeu : normal, il faut bien vivre ! Mais j'avoue que c'est bien relou quand entre deux manches de Tetris, je me tape une pub totalement hors sujet.**
- **Avec les achats dans le jeu : ça c'est très très fort, tu paies pour obtenir des armes, des habits, des avantages dans le jeu.**

Je me rappelle même que mon petit frère passait ses nuits à créer et faire prendre de la valeur à des personnages dans World of Warcraft qu'il revendait à des joueurs impatients après. C'est brillant.

Et surtout ça veut dire une chose, ce que tu fais dans un jeu a une valeur. C'est un investissement de temps que tu passes, ça apporte de la valeur au jeu et ça devrait aussi t'apporter de la valeur à toi (même si tu le fais pour t'amuser).

Quand je pense que moi je jugeais mon frère comme un geek qui perd son temps, alors qu'il avait compris comment être payé pour jouer à son jeu préféré. J'ai presque envie de dire qu'au fond c'est lui qui a inventé le concept de play-to-earn. Là, tu joues pour gagner de l'argent.

ALORS COMMENT ÇA FONCTIONNE ?

Bon, déjà on dit « tu joues et tu gagnes de l'argent », mais pour jouer il faut quand même payer hein. Ce n'est pas un truc magique non plus. Concrètement, tu vas payer pour t'acheter un token afin de jouer au jeu :

- **sur Sorare, tu vas payer pour obtenir une équipe de foot ;**
- **sur Decentraland, tu vas payer pour obtenir une terre ;**
- **sur Axie Infinity, tu vas payer pour obtenir un genre de Pokémon.**

Mais, ce « pion » que tu achètes, il va être unique et il aura une vraie valeur, c'est un NFT qui est enregistré à ton nom sur la blockchain. Et tu vas commencer à jouer. **Plus tu joues > plus tu crées de la valeur sur le jeu > plus tu vas être récompensé en token du jeu.**

Donc plus tu joues, plus tu gagnes de l'argent. Alors je vais casser tes espoirs tout de suite, c'est vrai que certains arrivent à se dégager un salaire grâce à ça, mais c'est dans des pays où on est beaucoup moins payé qu'en France.

J'AI BESOIN DE QUOI POUR JOUER ?

La base pour jouer à ces jeux, c'est :

- **avoir un portefeuille crypto ;**
- **avoir des cryptos pour payer ton premier pion ;**
- **et pour payer les frais de transaction.**

MISER SUR LA CRYPTO D'UN PLAY-TO-EARN ?

On a déjà parlé du token de Decentraland et même d'Axie Infinity et je te vois venir, tu te dis : *Moi je m'en fous de jouer aux play-to-earn, je veux faire de l'argent, du coup je mise sur les tokens des play-to-earn ?*

Eh bien, c'est là que la notion de « tokenomie » entre en jeu. La tokenomie c'est l'économie du token. C'est en gros, comment tu crées les conditions pour que le prix de ton token puisse faire de la croissance. Et puisque le prix du token dépend de l'offre et de la demande, on doit trouver comment je fais en sorte de créer un environnement propice à ce qu'il y ait plus de demande que d'offre.

- **Retiens : demande > offre = 🚀 du token.**

Pour ça deux solutions :

1. MON TOKEN A UNE UTILITÉ EN SOI

Donc tout le monde va en demander même s'il n'est pas rare, car il est utile.

L'exemple de l'ether : vu que tout le monde est sur la blockchain Ethereum, on a toujours besoin d'en avoir pour payer les frais de transaction, donc tant que tout le monde l'utilise, la demande est supérieure à l'offre.

2. MON TOKEN N'EST PAS MÉGA UTILE

À part dans le jeu quoi, donc pour que la demande soit supérieure à l'offre il faut soit :

- **agir sur l'offre (donc que le token soit assez rare) ;**
- **agir sur la demande (qu'elle soit en augmentation constante).**

La demande en augmentation constante, dans notre cas, ça veut dire que le jeu fait une croissance de dingue et qu'il y a de nouveaux joueurs qui arrivent pour acheter des pions tout le temps.

UNE MISE EN APPLICATION CHAOTIQUE

Alors on est d'accord, dans l'idée c'est génial. Mais la mise en application de ça est un peu complexe, ce qui en fait un secteur assez risqué même pour un investisseur crypto.

Tu vas comprendre.

Le seul play-to-earn que je connaisse et qui fonctionne vraiment c'est le jeu français Sorare. En gros, tu achètes tes cartes de joueurs de foot (qui sont des NFTs), tu vas jouer et en fonction des résultats de ton équipe tu vas gagner.

Tu connais peut-être aussi Axie Infinity, ce sont des créatures fantastiques qui se battent. Moi j'avais découvert leur crypto avant de savoir que c'était un jeu mais je me rappelle cette croissance folle entre août et décembre 2022. Il y avait des tonnes de nouveaux joueurs qui arrivaient et c'était la folie.

Sauf que je me pose sincèrement la question : est-ce que ce boom du prix de la crypto est le reflet de l'état actuel du marché crypto ou simplement de l'essoufflement d'un jeu qui n'a, en fait, pas trouvé de public pérenne ? Le jeu avait 500k jours en fin d'année 2021 et en possède aujourd'hui 21k...

Ce que je vois sur la majorité des play-to-earn moi c'est ça : une croissance fulgurante puis un désintérêt qui perdure. Alors je te propose de te plonger dans l'histoire du premier play-to-earn pour en tirer des conclusions.

L'ÉCHEC DE CRYPTOKITTIES

Ce n'est pas que j'ai une passion pour te raconter les trucs qui ne marchent pas, mais c'est surtout que je trouve que quand on sait ce qui peut se passer, on est des meilleurs investisseurs.

CryptoKitties c'est l'un des premiers projets à s'être lancé sur la blockchain Ethereum, à l'époque où on ne comprenait pas vraiment qu'une blockchain pouvait enregistrer autre chose que des transactions monétaires. Le jeu est un peu nul en fait : tu peux acheter des chats, les collectionner, les vendre ou les élever (ça veut dire que ton chat crée un nouveau chat, que tu peux aussi vendre).

Ce n'est même pas vraiment un jeu mais bon, c'était le premier, alors on va faire comme si. Ces chats sont des NFTs, ça veut dire que c'est une image unique enregistrée sur la blockchain.

On est le 28 novembre 2017 : CryptoKitties se lance avec son slogan « Le premier jeu Ethereum au monde ! » Le jeu devient viral comme si Tiktok existait déjà.

Jour 1 : 1 500 kitties sont achetés.

Jour 12 : 52 000 kitties sont achetés.

À ce moment-là, ils s'échangent pour des milliers de dollars et tout le monde ne parle que de ça (enfin moi je n'en avais jamais entendu un mot en vrai). La beauté du truc, c'est qu'à l'époque personne ne comprenait Ethereum. Et l'ether avait besoin que des transactions se fassent sur sa blockchain pour prendre de la valeur. Comme tout le monde achetait et vendait ces kitties, l'ether est passé de 300$ à 1 300$ en deux mois.

Bref, à ce moment c'est l'explosion et ça sert de rampe de lancement à Ethereum. Sauf que le jeu explose pendant 2 mois, en janvier il diminue, et en mars il n'a plus que 3 000 ventes par mois.

Le public ne s'en rend pas compte de suite car le prix de chaque NFT ne diminue pas instantanément. Mais la baisse de nouvelles ventes voulait dire qu'il n'y avait plus de nouveaux joueurs. Et si tu n'as pas de nouveaux joueurs, tu as intérêt à ce que ton jeu vaille le coup pour tenir avec une communauté existante. Comme tu l'imagines, ça n'était pas le cas.

Aujourd'hui, il y a environ 1 000 ventes par mois, de quelques dizaines d'euros.

Il y a deux choses qui ont précipité la chute du jeu, en dehors du fait que le jeu n'a aucun intérêt en soit :

Les kitties, comme les cryptos, doivent être soit utiles soit rares. Et bon, tu as compris que les kitties n'étaient pas utiles, mais en plus de ça, avec leur mécanisme d'élevage, chaque joueur pouvait créer des nouveaux kitties. Ils ont saturé le marché.

Pour utiliser une blockchain, il faut payer des frais sur chaque transaction, et à un moment le trafic a tellement augmenté sur Ethereum que les frais de transaction sont devenus plus chers que le prix des kitties qui avaient chuté. Ça a enterré le jeu.

Mon idée pour déceler un jeu dans lequel investir : est-ce que les joueurs seraient là sans la contrepartie crypto ? Si ce n'est pas le cas, sache que ton investissement doit être de courte durée, car le jeu va s'effondrer.

Du coup j'ai récapitulé les choses à analyser :

coolitude du jeu : tu m'as compris, est-ce que les gens l'aiment en dehors de la compensation crypto ;

modèle économique : est-ce que le jeu fait en sorte que tu sois obligé de dépenser des grosses sommes pour avoir des récompenses ? En d'autres mots : est-ce que la partie *play* n'est qu'une excuse pour te faire dépenser de l'argent ?

la tokenomie : dans ce cas on va se demander est-ce que c'est utile de posséder cette crypto ou ce NFT, est-ce que l'offre est cohérente par rapport à la demande ? En gros, s'il n'y a plus de nouveaux joueurs, est-ce que tout s'écroule ou est-il toujours utile ?

la qualité du jeu : oui, quand tu as l'habitude de jouer à World of Warcraft ou Just Dance (pour info, je suis très douée), tu ne retournes pas dans un design des années 1990.

LES USAGES POSSIBLES DANS LA MÉDECINE

7

GESTION DES DOSSIERS MÉDICAUX

La blockchain pourrait être utilisée pour stocker et partager de manière sécurisée les dossiers médicaux des patients, permettant ainsi aux professionnels de santé de mieux comprendre l'historique medical d'un patient et de prendre des décisions de soins éclairées.

Exemple : Gem est une entreprise de technologie de la santé qui a développé une plateforme de gestion de dossiers médicaux basée sur la blockchain.

PAIEMENTS EN SANTÉ

La blockchain pourrait être utilisée pour faciliter les paiements en santé, en permettant par exemple de suivre les remboursements d'assurance ou de gérer les transactions entre les prestataires de soins et les patients.

Exemple : SimplyVital Health est une entreprise de technologie de la santé qui a développé une plateforme de gestion de soins de santé basée sur la blockchain. Cette plateforme permet aux prestataires de suivre les soins prodigués aux patients et de faciliter les paiements pour ces soins.

RECHERCHE MÉDICALE

La blockchain pourrait être utilisée pour collecter et partager des données de recherche médicale de manière transparente et sécurisée, ce qui pourrait aider à accélérer les progrès de la recherche et à améliorer la qualité des soins.

APPROVISIONNEMENT EN MÉDICAMENTS

La blockchain pourrait être utilisée pour suivre les médicaments à chaque étape de la chaîne d'approvisionnement, ce qui permettrait de lutter contre la contrefaçon de médicaments et d'assurer la qualité et l'authenticité des produits.

Exemple : MediLedger est une entreprise de technologie de la santé qui a développé une plateforme de suivi de la chaîne d'approvisionnement des médicaments basée sur la blockchain.

ÇA EXISTE DÉJÀ EN VRAI ?

Il y a plusieurs pays dans le monde qui utilisent déjà la technologie de la blockchain dans le secteur de la santé de différentes manières.

États-Unis

Aux États-Unis, plusieurs entreprises de technologie de la santé ont développé des applications de la blockchain pour améliorer la gestion des dossiers médicaux, faciliter les paiements de soins de santé et suivre les médicaments à chaque étape de la chaîne d'approvisionnement.

Canada

Au Canada, plusieurs projets de recherche sont en cours pour développer des applications de la blockchain dans le domaine de la santé, notamment pour améliorer la gestion des dossiers médicaux et suivre les médicaments à chaque étape de la chaîne d'approvisionnement.

Australie

En Australie, plusieurs entreprises de technologie de la santé utilisent déjà la blockchain pour améliorer la gestion des dossiers médicaux et faciliter les paiements de soins de santé.

Singapour

À Singapour, plusieurs projets de recherche sont en cours pour développer des applications de la blockchain dans le domaine de la santé, notamment pour améliorer la gestion des dossiers médicaux et suivre les médicaments à chaque étape de la chaîne d'approvisionnement.

INVESTIR DANS LE SECTEUR

Il y a plusieurs façons d'investir dans le secteur de la santé et la technologie de la blockchain.

INVESTIR DANS DES ENTREPRISES DE TECHNOLOGIE DE LA SANTÉ QUI UTILISENT LA BLOCKCHAIN

Il existe plusieurs entreprises de technologie de la santé qui utilisent la blockchain pour développer de nouvelles applications dans le domaine de la santé, comme Gem, MediLedger et SimplyVital Health. En investissant dans ces entreprises, une personne peut profiter de leur croissance et de l'adoption grandissante de la technologie de la blockchain dans le secteur de la santé.

INVESTIR DANS DES FONDS D'INVESTISSEMENT SPÉCIALISÉS DANS LA BLOCKCHAIN ET LA SANTÉ

Il existe plusieurs fonds d'investissement qui se concentrent sur les entreprises du secteur de la santé qui utilisent la technologie de la blockchain. En investissant dans ces fonds, une personne peut profiter de l'expertise de ces fonds en matière de sélection de placements dans ce domaine.

Voici quelques exemples de fonds d'investissement qui pourraient être intéressants pour quelqu'un qui souhaite investir dans ce domaine :

Global Health Investment Fund : le Global Health Investment Fund est un fonds d'investissement qui se concentre sur les entreprises du secteur de la santé qui utilisent la technologie de la blockchain pour développer de nouvelles solutions de santé.

HealthTech Venture Fund : le HealthTech Venture Fund est un fonds d'investissement qui vise à investir dans les entreprises de technologie de la santé qui utilisent la technologie de la blockchain pour améliorer la qualité des soins de santé.

Digital Health Venture Fund : le Digital Health Venture Fund est un fonds d'investissement qui se concentre sur les entreprises de technologie de la santé qui utilisent la technologie de la blockchain pour développer de nouvelles solutions de santé.

INVESTIR DANS DES PLATEFORMES DE CROWDFUNDING SPÉCIALISÉES DANS LA SANTÉ ET LA BLOCKCHAIN

Il existe plusieurs plateformes de crowdfunding qui permettent aux investisseurs de soutenir des projets de technologie de la santé basés sur la blockchain. En investissant dans ces plateformes, une personne peut aider à financer de nouvelles innovations dans ce domaine et profiter de la croissance de ces projets.

HealthTech X : HealthTech X est une plateforme de crowdfunding qui se concentre sur les projets de technologie de la santé basés sur la blockchain.

- **MedStartr : MedStartr est une plateforme de crowdfunding qui vise à financer les projets de technologie de la santé innovants qui utilisent la technologie de la blockchain.**
- **HealthTech Crowd : HealthTech Crowd est une plateforme de crowdfunding qui se concentre sur les projets de technologie de la santé basés sur la blockchain et qui visent à améliorer la qualité des soins de santé.**

Il est important de noter que l'investissement dans le secteur de la santé et la technologie de la blockchain comporte des risques, comme tout autre type d'investissement. Il est donc important de bien comprendre les risques associés à ces types d'investissements et de ne pas investir plus que ce que l'on peut se permettre de perdre.

LES ENJEUX

Il y a plusieurs grands enjeux liés à l'utilisation de la technologie de la blockchain dans le secteur de la santé.

1. **Sécurité et confidentialité des données : l'un des principaux enjeux de l'utilisation de la blockchain dans le domaine de la santé est la sécurité et la confidentialité des données médicales des patients. Il est crucial de s'assurer que les dossiers médicaux et autres données de santé stockés sur la blockchain sont protégés contre les cyberattaques et que seuls les professionnels de santé autorisés ont accès à ces données.**
2. **Interopérabilité : un autre enjeu important est l'interopérabilité de la blockchain avec d'autres systèmes de santé existants. Il est crucial que la blockchain puisse être intégrée de manière transparente à d'autres systèmes de santé pour permettre aux professionnels d'accéder facilement aux données de santé des patients.**
3. **Adoption par les professionnels de santé : l'un des défis les plus importants.**

VIVRE SUR UNE ÎLE AUTONOME

C'est l'histoire d'une île totalement dédiée aux cryptos : la Satoshi Island !

8

Heuuuuu, ça veut dire quoi ?

Tu te rappelles que l'idée d'intégrer la crypto et la technologie blockchain dans notre monde c'est :

- # **un moyen de se passer d'intermédiaire.** ***Genre, plus besoin de banques pour faire des transferts d'argent.***
- # **ou de réaligner ses intérêts avec l'intermédiaire.** ***Genre, un jeu vidéo sur lequel tu gagnes de l'argent en jouant.***

Alors c'est sûr que quand il s'agit de s'échanger de l'argent en ligne ou de jouer à des jeux vidéo, on arrive à peu près à comprendre comment tout ça s'organise.

Mais faire vivre une ville où TOUT serait organisé grâce à la technologie blockchain c'est quand même un autre délire. Moi, j'ai envie de voir concrètement ce que la blockchain va changer dans le monde du travail, dans l'immobilier, la santé et dans tous les *process* administratifs de la citoyenneté. Parce qu'en ce moment si on parle de citoyenneté, ce n'est pas le sujet le plus simple au niveau administratif...

Genre, mon ami Yoann, avec son passeport périmé, et bien il a cherché une place pour avoir un RDV dans toutes les mairies de Paris et il n'en a pas trouvé. Il s'est retrouvé à devoir aller dans un village près d'Avignon pour déposer son dossier. Et il doit y retourner dans 1 mois pour le récupérer... C'est fou quand même ! *Moi j'ai une carte d'identité périmée depuis 3 ans... Je n'ai juste pas envie de gérer le truc !*

Mais le jour où tout ça est enregistré dans la blockchain :

je ne pourrai plus la perdre,

personne ne pourra me la voler,

et je n'aurai pas à supplier les 300 mairies alentours de me la refaire.

La vérité c'est qu'on espère que ça va simplifier tous ces éléments, mais on ne l'a jamais vécu.

Alors si jamais une île de 21 000 résidents arrive à appliquer les plus grandes innovations liées à la blockchain dans son quotidien…

Nous on pourra analyser ce qui se passe dans cet observatoire d'innovation grandeur nature et s'en inspirer pour les intégrer plus facilement dans notre propre quotidien !

DONC EN FAIT LE TRUC N'A JAMAIS ÉTÉ TESTÉ GRANDEUR NATURE ?

Je comprends franchement que tu te poses la question, ben figure-toi que j'ai trouvé quelques situations qui s'en rapprochent un peu.

Bon déjà tu sais certainement à quel point Miami est crypto friendly grâce à son maire fan de crypto. Mais j'ai voulu creuser auprès de ceux qui sont allés vraiment plus loin.

LE SALVADOR A DÉFINI LE BITCOIN COMME MONNAIE OFFICIELLE

Ok, mais ça veut dire quoi en fait ? Ça veut dire qu'au Salvador, personne ne peut refuser d'être payé en bitcoin. Et c'est à ce jour le seul pays au monde où c'est le cas. En fait, avant septembre 2021 leur monnaie officielle c'était seulement le dollar et depuis il y a aussi le bitcoin.

Mais quand tu sais que les cryptos ont pour but de diminuer notre dépendance à l'État et aux intermédiaires, ben la réaction classique des gouvernements c'est plutôt :

- **L'interdire officiellement.**
  (À base d'amendes et de prison, comme dans 9 pays : Algérie, Bangladesh, Chine, Égypte, Irak, Maroc, Népal, Qatar et Tunisie).
- **L'interdire de façon implicite.**
  (Comme environ 42 pays dans le monde).
- **Tenter de le réguler.**
  (Comme l'Europe essaye de le faire en ce moment).

Alors pourquoi au Salvador ils sont pour les cryptos ? Déjà leur président, il pense que les cryptos c'est l'avenir et il a bien envie d'être un pays à l'avant-garde.

Ensuite, il explique que ça permet d'économiser pour 400M de frais bancaires. Oui, car il y a plein de Salvadoriens qui bossent aux US et qui envoient de l'argent.

Et ce n'est pas non plus une mauvaise idée quand tu sais que dans le pays 70 % des gens n'ont pas de banque. Soit à l'heure actuelle, il y a plus de gens qui ont un portefeuille crypto qu'un compte bancaire au Salvador.

Donc grosso modo, pour des raisons financières.

Par contre, je n'ai pas trouvé d'informations liées à la simplification de quoi que ce soit grâce à la blockchain. Du coup, j'ai continué mes petites recherches. Et là, je tombe sur un truc. Je n'étais pas prête.

LIBERLAND, LE PAYS DONT TOUT LE MONDE SE MOQUE

C'est une petite terre entre la Croatie et la Serbie qui se revendique comme une micro-nation où la crypto locale est le système monétaire classique. Bon après le bordel c'est quand même un endroit reconnu par aucune autorité internationale. Le truc fait 7 km^2 et aurait 400 000 habitants.

Je n'ai pas trouvé plus d'informations sur le fonctionnement de ce lieu, car il est tellement moqué par tous ceux qui s'y sont intéressés qu'il n'y a aucune info utile sur un éventuel fonctionnement à base de blockchain.

J'ai l'impression qu'encore une fois, seul l'aspect monétaire a été repris dans cette république.

Ce qui fait de la Satoshi Island un projet totalement nouveau.

SATOSHI ISLAND, LA CITÉ UNIQUE

En fait il y a un groupe qui a négocié avec le gouvernement vanuatais pour « coloniser » une île inhabitée de Nouvelle-Calédonie. Alors, oui, le délire c'est de mettre en place un système monétaire en crypto. Mais l'ambition du projet dépasse ce qu'on a vu jusqu'à présent.

Ils vont créer une ville totalement autonome avec eau et électricité. Puis écoles et hôpitaux. Et enfin maisons écologiques. À partir de rien. Ce qui va permettre d'intégrer la technologie blockchain partout.

Ce qui va être testé en premier :

La citoyenneté & le cadastre conçus sous forme de NFT

Pourquoi c'est beaucoup trop cool ? Car c'est un token non fongible enregistré sur la blockchain. Ça veut dire qu'on peut indiquer que tu es propriétaire de cette parcelle de terrain et pas d'une autre dans la blockchain. Pas de notaire. Pas de délais. Pas d'administratif.

Et c'est pareil pour la carte d'identité de l'île.

Tu peux tout payer en crypto

Bon ça c'est le truc le moins surprenant, car on commence à le voir un peu.

Pas d'impôts cryptos

Ni sur la plus-value, ni sur l'héritage, ni sur rien en fait. Là, tu comprends que cette île, ça ne va pas être un repaire d'anarchistes sans-le-sou. C'est pour attirer du crypto millionnaire qu'on fait ça. *J'ai trop hâte de voir le prix d'une baraque.*

Le vote

Quand tu as ton NFT de citoyenneté, tu gagnes un droit de vote pour les lois du gouvernement encore inconnu de l'île. C'est automatique ! Genre, tu n'as pas besoin de demander ta carte d'électeur !

Mon rêve.

Mais à part ça, je n'ai pas trouvé d'infos sur les orientations du futur gouvernement ni comment il va s'organiser. Ni même sur le traitement du reste des sujets de la cité.

Il va y avoir des magasins, des écoles et des hôpitaux, non ?

Mais du coup il va bien falloir des gens pour y bosser. Ils ne seront sûrement pas millionnaires et du coup comment ça va se passer pour eux ? Ils vont vivre sur place ?

JE PEUX Y ALLER MOI ?

Oui c'est gratuit !
Tu peux demander ta nationalité, il y en aura 21 000 en tout.

- # **il faut un compte Twitter actif ;**
- # **une adresse ETH ;**
- # **un compte OpenSea actif (c'est la place de marché des NFTs) ;**
- # **et répondre à un questionnaire en ligne.**

Comme tous les projets un peu nouveaux, il y a évidemment des détracteurs. Ils craignent surtout que tous les cryptos criminels se réfugient là-bas en toute tranquillité. Pour moi, c'est quand même une opportunité de ouf de voir la gouvernance décentralisée à l'œuvre ! Ils annoncent l'ouverture de l'île en 2023, on en saura plus à ce moment-là !

SATOSHI ISLAND

C'EST GRATUIT !
TU PEUX DEMANDER
TA NATIONALITÉ,

VOYAGE EN METAVERSE

C'EST QUOI UN METAVERSE ?

Il n'y a pas longtemps, je me suis posé une question vachement profonde : est-ce qu'il y a vraiment une différence entre les Sims et le metaverse ? Et une seconde qui en découle : est-ce que cette hype sur les metaverses, ça ne serait pas une vaste fumisterie ?

Avant que je te parle de mes recherches, il faut que tu saches que quand j'étais petite je dévorais toutes les semaines des livres de SF ! Alors quand j'ai voulu faire ce sujet, j'ai commencé à me demander ce que la SF en avait dit. Et figure-toi que j'ai bien fait, car c'est un auteur américain qui a littéralement créé le concept de metaverse dans son roman de 1992 : *Snow Crash*. Il y décrit un univers virtuel dans lequel une seconde vie est possible et où on a accès à un savoir illimité.

Donc à la base, un metaverse c'est un monde virtuel dans lequel on évolue avec un avatar.

9

Du coup ça m'a donné l'impression que tous les jeux vidéo étaient des metaverses. Mais en fait non, les jeux vidéo ne sont pas des metaverses car les joueurs ne peuvent que suivre le script du jeu qui est plus ou moins libre. Ils ne participent pas à proprement parler à la création ou à l'évolution du jeu. Ils n'en sont que les utilisateurs. On peut donc compléter en disant que les metaverses sont en quelque sorte des mondes virtuels où les gens qui l'intègrent peuvent l'enrichir en y créant des expériences.

Je prends l'exemple des Sims. Tu as un avatar et tu peux faire à peu près ce que tu veux donc c'est censé être un metaverse. Mais non. Dans le jeu, tu peux faire ce qui a été codé, si tu veux voler par exemple, tu ne peux pas rajouter une brique de code pour le faire. Si tu veux ouvrir un commerce de T-shirts, tu ne peux pas non plus. Il n'y a pas d'économie libre dans un jeu en ligne. Dans un metaverse, si.

Un metaverse, c'est donc un monde virtuel dans lequel il y a une liberté totale pour les utilisateurs, la possibilité d'intégrer tout ce qu'on imagine, ainsi qu'une forme d'économie. Et d'ailleurs, le premier des metaverses, il existe depuis un bail.

LE PREMIER METAVERSE : SECOND LIFE

Pour te dire à quel point les metaverses c'est un truc vintage pour plein de gens, il faut que je te parle de Second Life. C'est le premier monde virtuel qui a été créé en 2003 par l'entreprise Linden Lab. Les utilisateurs (qu'on appelle des résidents) ont des avatars, peuvent interagir, aller à des soirées, regarder des films, créer des immeubles, acheter une maison et y vivre. Ils peuvent voler, avoir des relations sexuelles et même tenir des commerces. Bref, ils peuvent absolument tout faire.

Quand l'univers a été créé, il n'y avait que 16 régions, pas de monnaie et pas de possibilité de se téléporter. Mais les résidents l'ont enrichi au fur et à mesure de leurs idées. Ils y ont créé un Poudlard, un Versailles, tout y est. Ce qui est intéressant c'est que grâce à cette expérience, on a 20 ans de recul pour regarder comment s'est développée cette société virtuelle. Avec un peu de chance, ça nous donnera des indications sur le développement des metaverses actuels !

PHASE 1 : LA HYPE

Entre 2003 et 2007, on a vécu selon moi une période de hype. À une époque où les réseaux sociaux n'existaient pas, il y avait 1 million de résidents sur Second Life ! Ce succès a attiré les marques qui ont commencé à ouvrir des commerces dans cet univers. Ça a mis en place les bases d'une vraie économie.

L'argent local s'appelle le Linden Dollar et il faut savoir que la société prend des commissions sur les transactions. Et pour moi le sommet de la hype a été que des universités ont commencé à ouvrir des programmes de formation dedans et ensuite des politiciens y ont fait campagne.

Oui, oui, tu m'as bien lue, en 2007, en France, il y avait des politiciens en train de faire campagne sur Second Life !

PHASE 2 : LE METAVERSE DU CUL

Il faut s'y attendre, un lieu non réglementé sur lequel tu peux faire tout ce qui n'est pas permis dans la société. Second Life devient un empire du contenu pour adulte. À ce moment, le sexe est omniprésent sur la plateforme et tu peux te balader et être abordé par un « *Bonjour mon amour... Aimerais-tu m'accompagner dans un lieu plus privé et intime pour faire l'amour ?* » Tout est prévu pour que tu puisses te contorsionner et voir ce qu'il se passe sous un maximum de plans de caméra possibles.

Bon, le résultat c'est que les entreprises et institutionnels fuient la plateforme, sans compter la crise de 2008 qui a aussi eu un impact sur le développement du commerce sous toutes ses formes. Second Life connaît une grosse baisse de fréquentation, mais en 2015, le PIB estimé est quand même de 500M$ et cette année-là, les résidents ont retiré 60M$ du monde virtuel.

Juste pour comprendre un peu les potentiels économiques...

PHASE 3 : UN MONDE À PART ENTIÈRE

À ma connaissance, Second Life est redevenu plus confidentiel, mais il y a eu de nouveau un gros pic d'activité pendant le premier confinement et l'univers virtuel annonce toujours 1 million d'utilisateurs actifs par mois.

CE QUI SE PASSE AUJOURD'HUI AVEC LES METAVERSES

L'INTÉGRATION DE LA CRYPTO

Donc les metaverses, ça existe depuis belle lurette. C'est juste que nous on ne savait pas qu'il y avait des gens qui se retrouvaient pour faire la fête dans la grande salle de Poudlard déguisés en avatar sirène pendant qu'on était enfermé chez nous à se tricoter des bonnets !

Mais si tout le monde en parle aujourd'hui c'est car les cryptos permettent d'imaginer toute une nouvelle économie de ces metaverses. Car le système de NFT et de crypto permet de posséder sans intermédiaire nos biens dans ces univers virtuels.

Donc en gros, si on arrive à reproduire Second Life mais avec la technologie crypto, c'est quand même une nouvelle économie tout entière qu'on peut créer et nous serions nombreux à pouvoir vivre du metaverse. Car on se rappelle que Second Life ça appartient à Linden Lab, et donc leur monnaie virtuelle, c'est eux qui la contrôlent, comme un petit État en fait.

LES DIFFÉRENTS METAVERSES QUE JE CONNAIS

Alors je ne connais pas tous les metaverses car tout le monde se dit qu'il va en créer un. Mais il y a un truc que j'ai compris :

Soit un monde virtuel va s'installer et va devenir LA référence et on fera toutes les expériences dans ce monde virtuel là. Comme dans le film *Ready Player One*.

Soit il va coexister une multitude de metaverses, qui auront chacun leur spécificité : genre le metaverse du cul, le metaverse des visites culturelles, etc.

Donc on sait que je ne sais pas. Les deux plus gros metaverses à date sont Decentraland et The Sandbox. A priori sur Decentraland, il y a plus de possibilités de créer des expériences diverses et à mon avis celui qui gagnera sera celui qui permet de créer un maximum d'expériences de vie et donc attirer des utilisateurs finaux pour découvrir cet univers virtuel. Mais qui sait ce qui va se passer…

LES HUMAINS VIRTUELS

Au tout début du premier confinement, j'ai beaucoup investi (en bourse) dans la plupart des technologies de meeting virtuels : Zoom, Slack et plein d'autres. À ce moment-là, j'avais compris qu'être enfermé nous conduirait à faire des réunions en ligne. Mais il y avait un autre truc que je n'avais pas imaginé et qui a découlé directement de ça : l'essor des avatars.

Le manque de lien social et l'impossibilité d'être mobile ont créé un besoin de se retrouver dans un lieu virtuel. Et pour ça, il nous faut des avatars. Et depuis, c'est un secteur qui se développe. Alors je vais t'expliquer ce que j'ai compris du sujet !

10

C'EST QUOI UN AVATAR ?

Un avatar, c'est une représentation virtuelle de nous. Les avatars les plus courants sont des animés, des représentations aux allures irréalistes.

Mais ce qui change le game, c'est qu'autant dans l'univers des metaverses que dans notre pur Internet classique, les représentations deviennent très réalistes. Plus loin que les avatars, je vois ce qu'on appelle les humains virtuels. Un avatar ultra réaliste associé à une intelligence capable d'avoir une conversation avec un humain réel.

LES AVATARS SONT DÉJÀ PARTOUT !

Tu ne le sais pas, mais les avatars sont déjà partout ! Et j'ai l'impression que ce n'est qu'un début. Voici les secteurs où ils sont déjà présents sans que tu ne t'en rendes compte.

IL Y EN A DANS LES METAVERSES

Bon ça on le sait, dans tous les metaverses (comme dans les jeux vidéo), tu es obligé d'avoir un avatar. Sur Decentraland, on possède un avatar animé qui a peu de choix pour ressembler à son humain. Je vois donc une très grosse marge d'amélioration sur le sujet.

IL Y EN A SUR LES RÉSEAUX SOCIAUX

Tu as déjà vu cette nana ?

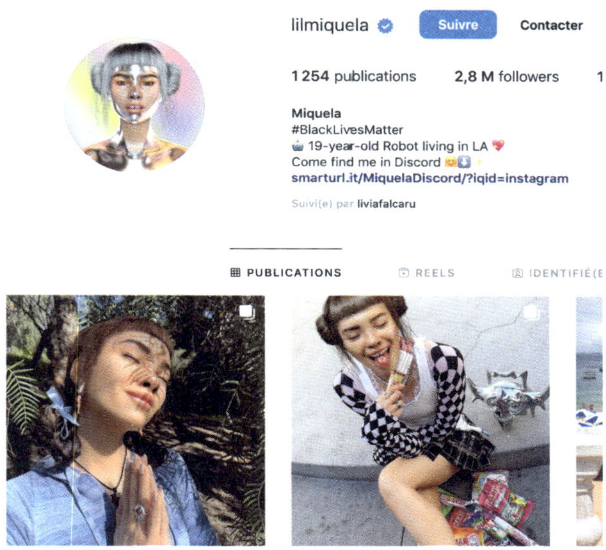

C'est une influenceuse, mannequin et chanteuse américaine créée en 2016 par deux Américains, Trevor McFedries et Sara DeCou. Elle naît sur Instagram en 2016 et en 4 mois, elle réunit 70k d'abonnés. Personne ne sait qu'elle est virtuelle avant 2018, ce qui me semble fou !

À la base, elle a été créée pour faire une critique des normes sociales sur les réseaux sociaux. On sait qu'en 2020 elle a gagné 300k$ pour une campagne publicitaire et elle aurait même générée 10M$ sur l'année entière.

Un empire.

IL Y A DES CÉLÉBRITÉS COPIÉES

Il existe aussi de nombreux comptes qui se créent à partir d'une personne vivante et qui utilisent son image. C'est le cas du compte DeepFake de Tom Cruise qui comptabilise trois fois plus d'abonnés que le compte officiel de l'acteur.

IL Y EN A AU CINÉMA

La technologie DeepFake est utilisée pour redonner vie à des acteurs morts. C'est le cas avec Disney dans Star Wars Rogue One avec l'acteur décédé Peter Cushing.

IL Y EN A DANS LA MUSIQUE

Cet avatar est une chanteuse qui s'appelle Hatsune Miku et qui donne des concerts en Asie. C'est une vraie star ! Sur scène, c'est son hologramme qui vient chanter comme le ferait un artiste humain.

IL Y EN A AUSSI AU BOULOT

La startup Rephrase.ai propose à des entreprises de créer des vidéos de communication interne et publicitaire à partir d'un simple texte. Imagine, il te suffit d'envoyer un texte et automatiquement une vidéo est générée avec toi qui parles dessus !

ÇA ARRIVE EN EXPÉRIENCE CLIENT

Samsung avait dévoilé il y a deux ans son projet NEON pour accompagner ses clients : un avatar numérique intelligent, conçu pour imiter l'apparence et les émotions humaines.

Bon par contre je n'ai pas trouvé d'actu dessus depuis 2020, alors on y est peut-être pas encore tout à fait.

EST-CE QUE LE SECTEUR DES AVATARS EST INTÉRESSANT EN CRYPTO ?

Voyant comme ça se développe côté usages, je me suis demandé s'il n'y avait pas des boîtes en Web 3.0 qui font ça, histoire qu'on ne loupe pas le coche.

J'ai trouvé Talk3 : une plateforme no code de création de jumeaux numériques dotés de la capacité de converser 24 h/24. Sur leur site j'ai trouvé un portrait de Rembrandt et Jeanne d'Arc qui racontent leur vie. J'ai aussi vu une assistante en agence de voyage me demander ce que je recherche pour mes vacances. Ce qui est intéressant c'est que la boîte fonctionne en Web 3.0, il faut posséder de sa crypto, le Talk, pour pouvoir générer son avatar parlant.

CONCLUSION

Bon et bien voilà, a priori, tu comprends maintenant le Web 3.0. Tu sais tout sur l'incroyable révolution cachée derrière l'affreux mot « blockchain ». Tu sais que tu peux investir, et peut-être même gagner de l'argent, avec les cryptos. Tu comprends les changements que cela implique dans la finance, dans la santé et dans l'immobilier. Tu peux devenir serveur de luxe dans un metavers et peut-être même voter pour notre prochain gouvernement depuis ton canapé sur la blockchain.

Bref, tu as toutes les clés pour agir dans le Web 3.0.

J'espère que tu as passé un bon moment en ma compagnie et que tu pourras expliquer à ton tour tous les tenants et aboutissants de la crypto à ta mamie ou à ton pote flippé. Soit sympa, même si maintenant tu comprends tout, n'abuse pas du jargon, personne n'aime ça !

Quoi, tu es encore là ?

Mais pose ce livre enfin et va agir dans le Web 3.0, il n'attend que toi !

ARGENT

CRYPTO

BLOCKCHAIN

WEB 3.0

SOMMAIRE

CRÉDITS PHOTOGRAPHIQUES

COUVERTURE

@Céline Nieszawer

PHOTOGRAPHIES INTÉRIEURES :

@cocoricosun

Imprint LA MAISON HACHETTE PRATIQUE

58, rue Jean Bleuzen – 92178 Vanves Cedex

www.hachette-pratique.com

DIRECTION HACHETTE PRATIQUE : Catherine Saunier-Talec
RESPONSABLE ÉDITORIALE : Anne Le Meur
ÉDITRICE : Élise Ducamp
RESPONSABLE ARTISTIQUE : Cécilia Rehbinder
CRÉATION GRAPHIQUE : Chloé Madeline
MISE EN PAGE : Chloé Madeline
RELECTURE : Morgane Roy
FABRICATION : Zoé Farre-Vilalta

Dépôt légal : mai 2023

79-0138-5/01

ISBN : 978-2-01-946700-5

Achevé d'imprimer en mars 2023 par Grafo en Espagne.

PAPIER À BASE DE FIBRES CERTIFIÉES

hachette PRATIQUE s'engage pour l'environnement en réduisant l'empreinte carbone de ses livres. Celle de cet exemplaire est de :

1,6 kg éq. CO_2

Rendez-vous sur www.hachette-durable.fr